리얼Real
셰프

가나출판사

요리사,
마음을 접시에 담아내는 맛의 예술가

"넌 크면 뭐가 될래?"

"난 요리사가 될 거야."

몇 년 전까지만 해도 이런 대화는 흔하지 않았습니다. 그런데 요리와 음식에 관한 방송, 이른바 '쿡방'과 '먹방'이 큰 인기를 끌면서 요리사에 대한 대중적인 관심이 높아졌고, 장래 희망으로 셰프를 꼽는 청소년들도 많아졌습니다. 심지어 초등학생이 조리사 자격증 시험에 도전하기도 합니다. 이제 요리는 유행을 넘어 중요한 문화의 한 영역으로 자리 잡고 있습니다.

셰프가 되는 것은 그리 쉬운 일이 아닙니다. 독일 황제 빌헬름 2세에게 "나는 독일의 제왕이지만, 당신은 요리의 제왕이다."라고 칭송받았던 프랑스 출신 셰프 오귀스트 에스코피에(Auguste Escoffier)는 프랑스 요리가 해외에서 명성을 얻게 한 공로를 인정받아 '레종 도뇌르(Legion d'honneur) 훈장'까지 받은 현대식 레스토랑의 창시자입니다. 그런 그조차 처음 요리를 배우기 시작했을 때는 추운 겨울날 찬물에 감자를 씻고, 뜨거운 여름날 화덕에 장작을 지피는 생활을 몇 년이나 해야 했습니다. 일의 종류만 조금 바뀌었을 뿐, 셰프가 되는 과정의 고단함은 지금도 다를 바 없습니다. 온종일 식재료를 나르고 씻고 다듬는 과정을 몇 년씩 견뎌야만 프라이팬이라도 잡아볼 수 있으니까요.

그럼에도, 예술적인 요리로 사람들의 마음을 사로잡는 셰프가 되고 싶다면 이 책에서 펼쳐질 이야기에 귀 기울여 주세요. 방송에 자주 등장하는 이른바 '스타 셰프'지만, 그보다 먼저 진심을 담은 요리로 사람들에게 행복을 전하는 셰프라고 인정받은 셰프, 바로 오세득 셰프가 진짜 셰프 이야기를 털어놓았습니다. 마음을 접시에 담아내는 셰프가 되려면 어떻게 해야 하는지 궁금한가요? 오세득 셰프가 여러분의 멘토가 되어 알려줄 것입니다.

인터뷰 내내 호탕한 웃음으로 밝은 분위기를 이끌며 이야기를 들려준 멘토, 오세득 셰프님께 고마움을 전합니다.

〈MODU〉매거진 편집부, 이정호

아침 7시. 어김없이 알림이 울려 댄다. 해외에서 요리 프로그램을 촬영하고 밤늦게 한국에 돌아온 탓에 몸이 천근만근이다. 무거운 몸을 일으켜 세우고, 비몽사몽간에 욕실로 향한다. 차가운 물이 얼굴에 닿자 서서히 정신이 맑아지며, 기분이 상쾌해진다.

출근 준비를 마치고 머리맡에 펼쳐 놓았던 수첩을 챙긴다. 이번 가을 레스토랑에서 새로운 레시피를 선보여야 하는데, 무엇으로 하면 좋을까? 우선 생선 요리에 쓰일 식재료로 농어를 선택했다. 그런데 그것에 알맞은 소스가 딱히 떠오르지 않는다. 아직 시간이 있으니 좀 더 생각해 보기로 하고 수첩을 가방에 넣는 순간, 아이디어가 떠오른다. '버섯?' 겉은 바삭하고 속은 촉촉하게 구운 농어 위에 버섯 소스를 얹는 그림을 상상해 본다. 출근하자마자 당장 만들어 보리라 다짐한다.

레스토랑으로 향하는 차 안에서 오늘 하루 해야 할 일을 떠올린다. 일찍 출근한 직원들은 벌써 주방을 잘 정리해 놓았을 것이다. 주문한 물건이 제대로 도착했는지, 간밤에 냉장고에 보관한 귀한 식재료가 변질되지 않았는지 다시 한 번 살펴봐야 한다. 염지(고기를 소금에 절여 두는 것)가 잘 되었는지도 확인해 봐야겠다. 한 손님이 "셰프님이 없을 때 왔더니 음식 맛이 짜더라고요."라고 했던 말에 신경이 쓰여서이다. 사실 내가 주방에 있으나 없으나 맛의 차이는 거의 나지 않는데……. 그저 기분의 차이일 뿐이라고 말하고 싶지만, 이런 이야기 또한 셰프로서 감당해야 할 몫이리라.

아침 모임 때 직원들에게 할 말을 미리 생각해 본다. 매일 아침 하는 말, "손님 앞에서 항상 자신감 있게 행동하세요."는 오늘도 빼먹지 않을 것이다.

레스토랑 간판이 눈에 선명하게 들어온다. 가슴이 기분 좋게 뛴다. 셰프로서 세상을 좀 더 맛있게 변화시키고 싶은 꿈이 활짝 기지개를 켠다.

차 례

Part 1
셰프가 들려주는 셰프 이야기

 chapter 1 뚝딱뚝딱 **만들기**를 좋아한 **개구쟁이**

chapter 4 세상을 맛있게 변화시키는 **요리사**

Part**2**
예비 요리사를 위한
콕콕 멘토링

DISH DISH CHEF P
INGF
CHEF PASTA FRE
COOKING ME
RESTAURANT DIS
INGREDIENTS MENU
PASTA CHEF
MENU
PASTA
MENU MENU CHEF
SPICE DISH
DISH COOKING SPICE PASTA
RESTAURANT INGREDIENTS
MENU PASTA FRESH DISH
RESTAURANT RESTAURANT
PASTA SPICE CHEF PIZZA
DISH RESTAURANT
DISH INGREDIENTS MENU INGREDIENTS
FRESH INGREDIENTS MENU PASTA PASTA
PASTA MENU INGREDIENTS DISH PASTA
COOKING COOKING SPICE PASTA RESTAURANT
DISH FRESH CHEF MENU
PASTA CHEF COOKING
INGREDIENTS SPICE PASTA PASTA PIZZA PASTA
INGREDIENTS
TASTE INGREDIENTS DISH
PASTA SPICE FRESH COOKING
SPICE MENU
COOKING PIZZA
MENU DISH INGREDIENTS FRESH
CHEF DISH PASTA
DISH MENU

DISH
SPICE PASTA
MENU
INGREDIENTS
SPICE PASTA
SPICE
DISH
INGREDIENTS
CHEF
CHEF CHEF
PASTA
SPICE MENU
GREDIENTS
FRESH
TASTE
MENUDISH
REDIENTS INGREDIENTS
SPICE
A DISH
A'S
F

DISH
MENU
CHEF
DISH
PASTA
COOKING
PASTA

MENU
CHEF
SPICE
DISH
SPICE

Part 1

셰프의 세계가 궁금한 **청소년**,
셰프가 되고 싶은 청소년을 위한 **진짜 셰프 이야기**

셰프가 들려주는
셰프 이야기

친구와의 우정이 무엇보다 중요하고 공부는 뒷전이던 한 남학생은 대학 입시가 채 1년도 남지 않은 어느 날, 여자 친구에게 뜻밖의 말을 꺼냅니다.

"훌륭한 요리사가 되어 너에게 맛있는 음식을 만들어 줄게."

한 번도 요리에 관심이 있다고 이야기를 한 적이 없던 남자 친구의 이 말에 여자 친구는 당황했습니다. 그런데 바로 다음 날, 놀라운 변화가 일어났습니다. 공부라고는 아예 관심도 없고 하지도 않던 남자 친구가 호텔조리학과를 목표로 한다며 독서실에 들어가 나올 생각을 하지 않았으니까요. 그리고 불가능할 것 같던 남학생의 목표는 진짜 이루어졌습니다. 당당히 호텔조리학과 학생이 된 것이지요.

시간이 흘러 대학을 졸업한 그는 미국 유학을 떠났고, 잠을 줄여가며 공부와 일을 병행했습니다 그리고, 노력에 노력을 더한 끝에, 마침내 그는 '셰프(chef)'라는 두 글자를 자신의 이름 앞에 새겼습니다.

바라던 일에 최선을 다하여 꿈을 이룬 그 남학생, 무언가를 진심으로 열망하면 그것이 곧 자신의 미래가 될 수 있다는 것을 증명하였음에도 자신을 그저 '직업이 셰프인 평범한 사람'이라고 말하는, 셰프 '오세득'을 소개합니다.

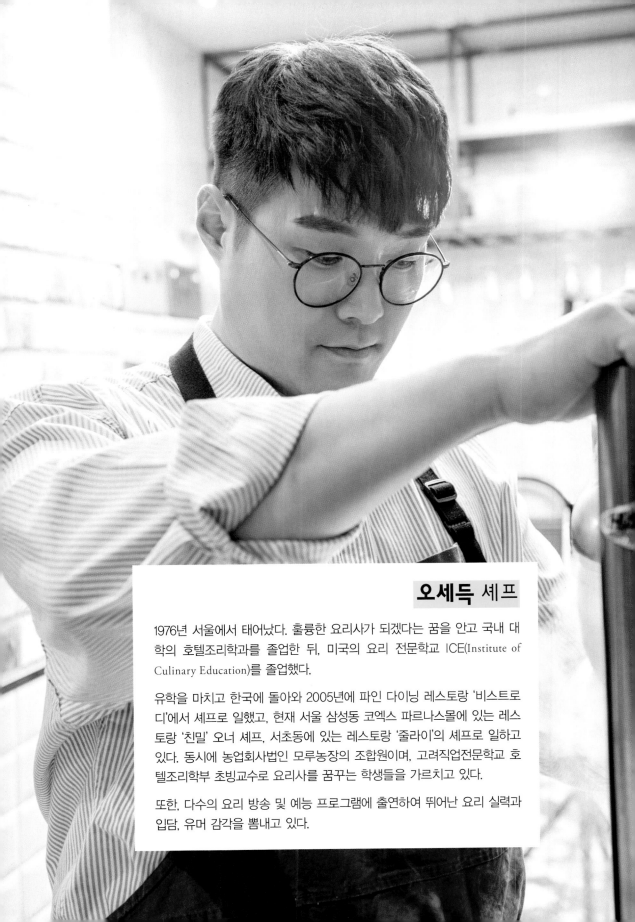

오세득 셰프

1976년 서울에서 태어났다. 훌륭한 요리사가 되겠다는 꿈을 안고 국내 대학의 호텔조리학과를 졸업한 뒤, 미국의 요리 전문학교 ICE(Institute of Culinary Education)를 졸업했다.

유학을 마치고 한국에 돌아와 2005년에 파인 다이닝 레스토랑 '비스트로 디'에서 셰프로 일했고, 현재 서울 삼성동 코엑스 파르나스몰에 있는 레스토랑 '친밀' 오너 셰프, 서초동에 있는 레스토랑 '줄라이'의 셰프로 일하고 있다. 동시에 농업회사법인 모루농장의 조합원이며, 고려직업전문학교 호텔조리학부 초빙교수로 요리사를 꿈꾸는 학생들을 가르치고 있다.

또한, 다수의 요리 방송 및 예능 프로그램에 출연하여 뛰어난 요리 실력과 입담, 유머 감각을 뽐내고 있다.

뚝딱뚝딱
만들기를
좋아한
개구쟁이

체력 하나만은 자신 있는
사고뭉치

세프님의 **어린 시절**이 궁금해요. 방송에서 **재치 있는 모습**을 자주 보여 주시던데, 어릴 때도 왠지 **개구쟁이**였을 것 같아요.

네, 맞아요. 사고뭉치로 유명했어요.(웃음) 서울 목동에서 태어나 학창 시절 내내 방화동에 살았습니다. 그때 어울려 함께 놀러다니고 말썽 피우던 친구들과 지금도 만나고 있어요. 야구하다가 아파트 유리창 깨 먹고, 구슬놀이 하다가 너무 세게 튕겨서 유리창 깨고……. 사고를 치면 잽싸게 도망가기 바빴는데, 늘 얼마 못 가 어머니에게 잡혔어요. 어머니께서 육상 선수, 배구 선수 출신이라 달리기가 저보다 훨씬 빠르셨거든요.(웃음) 경비 아저씨께서 "세득이가 또 유리를 깼네요."라고 말씀하시기 무섭게 저를 잡으러 오셨죠.(웃음)

명랑하고 장난꾸러기고, 넘어지고 다쳐서 꿰매기 일쑤고……. 동네에 꼭 한 명은 있기 마련인 말썽쟁이가 바로 어릴 적 제 모습입니다.

개구쟁이인데 어머니를 닮아 **운동**까지 잘했다면, 대단했겠어요.(웃음)

하하하. 맞아요. 저도 초등학생 시절에는 육상부 소속이었어요. 달리기, 공 던지기 등 운동에 대해서는 탁월한 재능이 있었던 거 같아요. 그런데 꼭 운 동선수가 되겠다는 생각은 없었고, 그저 친구들과 뛰어노는 게 좋았어요. 중 학교에 진학할 때 주위의 추천으로 체육중학교에 원서를 넣긴 했지만 그리 절실하지 않았습니다.

부모님은 어떤 분들이신지 궁금해요.

부모님 모두 평범한 분들이십니다. 아버지는 회사원이셨고, 어머니는 전업주 부셨죠. 어머니께서 고등학교에 다닐 때까지 쭉 운동을 하셨기 때문에 저도 그 영향으로 운동을 했던 것 같아요. 저희 부모님께서도 다른 부모님처럼 제 가 공부를 잘했으면 하고 바라셨는데, 제가 그 기대를 저버렸죠. 제 생각과 부모님 생각이 다르다 싶으면 꼬박꼬박 말대꾸에, 장난도 워낙 심하고⋯⋯.
저희 어머니는 남에게 많이 베푸는 분이셨어요. 정미소를 운영하셨던 외할 아버지께서도 형편이 어려운 사람들을 많이 도우셨대요. 그 영향을 받으셨 던 것 같아요.

어린 시절, 가장 **큰 관심사**는 무엇이었나요?

보통의 남자아이들처럼 만들기를 좋아했어요. 고무동력기와 비비탄 총을 만들고, 과학상자로 키트를 만들고……. 뭐든 제 손으로 뚝딱뚝딱 만들어 내는 게 신기하고 재미있었어요. 요리를 좋아하게 된 것도 어쩌면 비슷한 이유가 아닐까 싶어요.

어릴 때부터 **만드는 걸** 좋아하셨다면 **요리**에도 일찌감치 도전해보셨을 것 같아요.

아뇨, 요리에 도전한 건 한참 뒤였고요, 어머니께서 워낙 솜씨가 좋으셔서 맛있는 걸 많이 해 주시니까 먹는 데에만 관심을 가졌죠.(웃음)

어머니께서 요리를 잘하시는 건 외할머니의 영향이라고 하시더라고요. 저희 외가에서 정미소를 운영했는데, 규모가 크다 보니 일꾼이 많았대요. 외할머니께서 워낙 인심도 후하시고 손맛도 좋아서 일꾼들이 좋아했대요. 저 역시 인생에서 가장 기억에 남는 음식이 할머니께서 해 주시던 음식입니다. 방학 때 외가로 내려가는 버스 안에서 외할머니의 반찬들과 김이 모락모락 오르는 닭요리만 생각하면 입안에 침이 저절로 고였죠. 내려가는 내내 음식에 대한 기대로 마음이 한껏 부풀었어요.

직접 키운 닭으로 요리를 해 주셨는데 식감이 유난히 보들보들했어요. 외할머니께서 해 주시던 닭요리는 빨갛게 매운 양념에 버무린 것이 아니라 간장에 조려 안동찜닭과 비슷했어요. 당면은 넣지 않고요. 외할머니의 음식을 먹으면 '맛있다.'가 아니라 '즐겁다.'는 느낌을 한껏 받았어요. 외할머니의 정성과 사랑 때문이 아니었을까 해요. 게다가 쌈짓돈을 꺼내 용돈까지 쥐어 주셨으니 기쁨이 넘쳤죠.(웃음)

외할머니께서 제게 '먹는 즐거움'을 선물로 주셨다고 생각해요. 지금 생각해 보면, 기대한 만큼 만족과 즐거움을 준 외할머니의 요리야말로 요리사들이 구현해야 할 맛이 아닐까 싶어요.

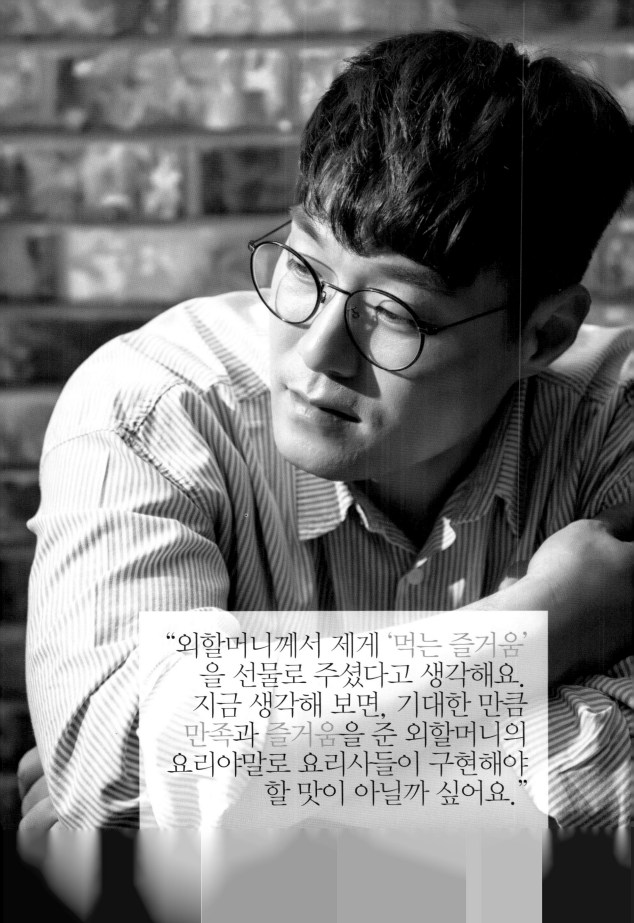

"외할머니께서 제게 '먹는 즐거움' 을 선물로 주셨다고 생각해요. 지금 생각해 보면, 기대한 만큼 만족과 즐거움을 준 외할머니의 요리야말로 요리사들이 구현해야 할 맛이 아닐까 싶어요."

모든 과목을 다
잘할 필요는 없어!

사춘기는 언제였나요? 셰프님께서도 **중2병**을 앓으셨나요?(웃음)

(웃음)지금 생각해 보니 사춘기인지 모르고 지나간 것 같아요. 특별히 반항을 하거나 하지는 않았지만, 학교 성적이 부모님의 기대에 미치지 못했어요. 부모님 두 분 다 내심 속상하셨을 텐데도 "공부해라, 공부해라." 하고 다그치지는 않으셨어요. 그저 '아무 사고 없이 학생 시절을 보냈으면……'하고 바라신 것 같아요. 워낙 친구들 좋아하고 놀기를 좋아해서……(웃음)

지금 생각하면 죄송스럽지만, 솔직히 학교 다닐 때 재미있는 과목이나 관심 있는 과목이 없었어요. 그렇다고 해서 학교가 싫은 건 아니었어요. 이상하게 들릴지 모르겠지만, 공부는 하지 않아도 학교는 열심히 다녔습니다. 학교에서 친구들과 노는 걸 정말 좋아했으니까요.(웃음)

그래도 나름 공부에 대한 제 주관이 있었습니다. 수학을 엄청 싫어했는데, 개념도 정립이 안 된 상태에서 문제만 풀려니까 점점 더 하기 싫어지더라고요. '수학 공부는 해서 뭐하게?' 싶기만 하고요. 요즘 하는 이야기로 '수포자'

가 된 거죠. 그러다 문득 '학교에서 가르치는 모든 과목을 다 잘할 필요가 없다.'는 생각이 들었어요. 그 생각은 지금도 변함없어요. 우리 사회가 모든 걸 잘하는 사람을 원하나요? 아니죠, 그 분야의 전문가를 원하잖아요. TV의 요리 프로그램에 국영수 잘하는 사람이 필요한 게 아니거든요. 그런 생각을 했으니 공부와 가까워질 수가 없었죠.

제가 어릴 때 아버지께서는 반도체 회사에 다니셨는데, 아버지가 쓰시는 전자사전과 공학 계산기를 보고 깜짝 놀랐어요. 정말 신기했죠. 영어 단어를 손바닥 크기의 사전으로 쉽게 찾을 수 있고, 숫자만 넣으면 복잡한 수식의 답이 금방 나오는 게 그야말로 신세계였죠. 그 계산기를 본 순간, 어린 마음에도 '앞으로는 쓸데없는 계산식과 풀이 과정은 없어져도 되겠다.'는 생각이 들더라고요. 저렇게 쉽게 할 수 있는 방법이 있는데 왜 굳이 적성에 맞지 않는 사람까지 다 배워야 할까 싶기도 했고요. 복잡한 걸 싫어하는 성격 탓에 어렸을 적부터 호불호가 분명했던 것 같습니다.

청소년 시기에 구체적인 **장래 희망**은 따로 없으셨나요? 운동은 중학교 때도 계속하셨나요?

어른이 되서 어떤 직업을 갖고 싶다는 결론을 내린 적은 없었습니다. 중학교 때 잠깐 사이클에 관심을 가진 적이 있긴 해요. 사이클부 코치님이 어느 날 저를 보시고는 사이클을 권하셨고, 몇 번 테스트를 받았어요. 코치님께서 재능이 있어 보인다며 사이클을 사서 다시 찾아오라고 하셨는데, 그 당시 사이클이 워낙 비싸서 어머니에게 사 달라는 말이 차마 안 떨어지는 거예요. 얼마 동안 고민하다가 코치님에게 사이클을 안 하겠다고 말했더니, 저를 심하게 꾸짖으셨어요. 가능성이 있어서 관심을 갖고 지켜보던 아이가 안하겠다고 하니 언짢으셨던 모양이에요. 그 이후 운동이 싫어졌습니다. 흥미가 급격히 떨어지더라고요.

그 후로는 학창 시절 내내 마냥 즐겁게 놀았던 것 같아요.(웃음) 유행하는 장난감을 사 모으고, '뉴 키즈 온 더 블록'의 노래와 헤비메탈을 즐겨 듣고, 〈영웅본색〉, 〈첩혈쌍웅〉 같은 홍콩 누와르 영화에 푹 빠져 지냈습니다. 제 또래의 여느 친구들처럼 말이지요.

"셰프? 요리사? 조리사?"

셰프는 요리사, 조리사와 같은 말인가요?

셰프(chef)란 말은 프랑스어로 어떤 부서의 장이라는 뜻입니다. 영어로는 '치프(chief)'라고 하지요. 영어권에서 프랑스 요리를 받아들이면서 주방장을 셰프라 부르는 걸 보고, 넓은 의미로 확대시켜 요리사를 셰프라고 부르게 되었습니다. 엄밀히 말하자면, 셰프는 주방의 책임자, 곧 주방장을 일컫는 말입니다.

요리사는 음식을 만드는 모든 사람을 가리킵니다. 반면에 조리사는 식재료를 그 성질에 따라 잘 손질하여 음식의 맛과 영양, 아름다움까지 창조해 내는 사람입니다. 그러므로 요리사에 비해 조리사는 음식에 더 높은 수준의 맛과 영양의 균형뿐 아니라, 미적 아름다움까지 부여할 수 있는 전문가를 뜻합니다.

법적으로는 국가기술자격법에 따라 '한식·중식·일식·양식·복어 조리 기능사' 자격증을 취득한 후 시·도지사의 면허를 받은 사람을 조리사라고 합니다.

정리하면, 셰프도 조리사입니다. 조리사는 직업 이름이고, 셰프는 지위 이름입니다. 사실 요즘은 양식 외에 한식, 중식, 일식 주방장을 셰프라고 부르기도 합니다만, 아무래도 좀 어색합니다. 세 나라는 서양과 다른 독특한 음식 문화를 형성해 왔고, 주방장을 뜻하는 말도 각각 다르기 때문입니다. 양식 조리사, 그중에서도 주방장을 '셰프'라 부른다고 이해하는 게 가장 정확할 듯합니다.

Q2

조리사의 하루가 궁금해요!

어떤 음식을 다루는 식당이냐에 따라 조금씩 다르지만, 보통 조리사들은 보통 아침 9시에서 10시 사이에 출근해서 가장 먼저 주방의 모든 설비부터 가동을 시킵니다. 가스 밸브를 열어 조리 준비를 하고, 오븐에 전원을 넣어 예열을 시작합니다. 그 전날에 주문한 식재료들이 빠짐없이 다 들어왔는지도 확인하는데, 조개류와 생선, 육류의 신선도를 점검하는 것은 필수입니다.

오전 10시가 되면 셰프나 수셰프(부주방장)의 지시에 따라 그날의 일을 시작합니다. 재료를 다듬고 소스를 끓이며, 육수를 만듭니다. 짧은 시간 내에 실수 없이 해내야 하는 일이니만큼 주방 안에는 긴장감이 감돕니다.

12시부터 시작되는 점심시간이 다가오면 예약 손님을 확인하고, 주문을 받는 즉시 요리를 할 수 있도록 모든 재료를 제자리에 준비해 둡니다. 12시, 손님들이 홀 안으로 들어오고 주문서가 밀려듭니다. 손님들의 주문에 맞춰 요리가 시작되면 주방은 셰프의 지시 소리, 음식 만들어지는 소리, 볶고 굽는 연기로 가득 찹니다.

점심시간 영업이 어느 정도 마무리되면 다시 어질러진 주방을 정돈하고, 저녁에 쓸 요리 재료를 다듬거나 만듭니다. 저녁 준비를 시작하기 전까지는 잠시 휴식 시간을 갖기도 합니다. 6시가 되면 저녁 식사가 본격적으로 준비되기 때문에 주방 안은 매우 바빠집니다. 특히 고급 식당들의 경우에는 저녁 손님이 많기 때문에, 유니폼이 땀에 젖을 정도라고 합니다. 저녁 식사가 마무리되고 저녁 9시가 넘으면 주방을 정돈하고 다음 날 쓸 식재료를 주문합니다. 밤 10시가 되면 고된 하루를 마감하고 집으로 돌아갑니다. 내일을 위한 휴식은 꼭 필요한 법이니까요.

물론 식당의 규모나 어떤 요리를 주로 하는 곳인지에 따라 조리사의 하루 일과에는 큰 차이가 있습니다. 막내 조리사는 하루 종일 청소와 정리, 식재료 다듬기만 하는 경우도 허다하고, 주방장은 전혀 요리를 하지 않는 곳도 있습니다. 내가 어느 분야의 조리사가 되고 싶은지에 대해 고민한 후, 좀 더 알아본다면 도움이 될 것입니다.

Q 3
조리사 자격증이 없으면
식당을 차릴 수 없나요?

요식업계에서 중요한 것은 자격증이나 학력이 아니라 실력입니다. 규모가 큰 식당이 아니라면 조리사 자격증이 없어도 취업이 가능한 경우도 많고, 식당을 창업하는 데 조리사 자격증이 꼭 필요한 것도 아닙니다. 식당 창업은 요건을 갖춰야 하는 '허가제'가 아니라 '신고제'이기 때문입니다.

어머니에게서 요리를 배웠다면 그 솜씨로 식당을 차려도 무방합니다. 실제로 소문난 맛집들 중에는 집안 대대로 내려오는 조리법으로 요리를 하는 곳도 많습니다.

단, 복어 요리의 경우 자격증이 없어도 창업은 가능하지만, 법적으로 복어를 다루는 담당자는 반드시 복어 조리 기능사 자격증을 가지고 있어야 합니다.

직접 요리를 배우는 조리학과 외에 식품 관련 전공을 할 수 있는 고등학교는 없나요?

조리학과와는 좀 다른, 식품 관련 전문영역을 공부하고 싶다면 '마이스터 고등학교'를 고려해 볼 수도 있습니다. '마이스터고등학교'는 특화된 산업 수요와 연계하여 예비 마이스터를 길러내는 특수 목적의 고등학교입니다. 기술 중심의 교육으로 일찌감치 전문 기술인으로서의 기술과 정신을 배울 수 있고 취업률이 높아 관심을 끌고 있습니다.

식품과 관련해서는 한국식품마이스터고등학교가 있고, 식품품질관리 전 문인을 육성하는 영천상업고등학교와 도시형첨단농업 전문가를 육성하는 대구자연과학고등학교가 있습니다.

한국식품마이스터고등학교는 식품품질관리과, 식품제조공정과, 전통발효식 품과, 발효제품가공과, 발효미생물과를 운영하고 있으며, 충청남도 부여군 에 위치하고 있습니다.

셰프가 되기로 하다

chapter 2

우연한 기회에 결심한
셰프의 길

요리사라는 직업에 대해 **처음 관심**을 갖게 되신 건 **언제**였나요?

요즘은 다양한 형식의 TV 요리 프로그램이 있지만, 제가 어릴 때는 주부를 대상으로 한식 요리법을 설명해 주는 형식의 프로그램밖에 없었어요. 방송 시간의 제약 때문인지 몰라도 재료는 이미 손질이 끝난 상태고, 그냥 순서대로 썰고 익히는 모습이었습니다.

그런데 고등학생 무렵에 텔레비전 채널을 이리저리 돌리다가 우연히 미군방송(AFKN)에서 하는 요리 프로그램을 보게 되었어요. 나이 많은 중국인 요리사가 나와서 요리를 하는데, 빠른 손놀림으로 15초 만에 후다닥 닭 손질을 마치더라고요. '어, 이건 뭐지?' 하면서 계속 보는데 그 요리사가 방청객과 이야기를 나누면서 정말 쉽게 요리 과정을 설명하는 거예요. 서로 대화도 나누고, 마치 한 편의 쇼처럼 진행하는데 처음으로 '어, 요리가 재미있는 거구나.' 하는 생각이 들었어요. 그때 요리사라는 직업이 처음 제 머릿속에 들어왔고, 매력을 느꼈어요.

그 전에는 **요리에 재능**이 있다거나, **해보고 싶다**고 **생각**한 적이 없나요?

요리에 재능이 있다고 생각한 건 아니지만, 처음으로 요리를 했던 때는 정확하게 기억해요. 초등학교부터 중학교까지 늘 함께 몰려다니며 놀던 친구들이 있어요. 저까지 모두 여덟 명이라 8총사였는데,(웃음) 중학생 시절 8총사가 함께 텐트와 코펠을 가지고 2박 3일 여행을 떠난 적이 있어요. 그때 처음 밥을 지어 봤어요. 결과는 뻔했죠, 맨 밑은 타고 위는 설익고.(웃음) 요리라고 하기도 힘든 건데, 그게 너무 재미있는 거예요. 비록 3층밥이지만 친구들과 맛있게 나눠 먹었어요. 전혀 배운 적 없는 것을 그럭저럭 해내고 나니 '나도 요리를 할 수 있겠다.' 싶더라고요.

그 뒤 고등학교 2학년 때 또 다 함께 여행을 갔어요. 그때도 제가 나서서 친구들을 위해 이런 저런 음식을 해 줬어요. 다른 사람에게 뭔가를 해 줄 수 있다는 게 재밌었고, 기분이 좋더라고요. 음식을 만들어서 나누는 즐거움을 그렇게 처음 맛보았던 게 아닌가 싶습니다.

요리사가 되겠다고 **결심**한 건 언제인가요?

고등학교 때였는데 학교 성적은 바닥을 치면서도 여자 친구가 있었어요.(웃음) 함께 맛있는 음식을 먹으러 다니는 게 그 시절 저의 낙이었어요. 문제집 사라고 어머니가 준 돈을 여자 친구랑 먹는 데 다 썼습니다.(웃음) 고등학교 3학년 때였는데, 하루는 여자 친구가 제가 꼴찌라서 자기가 창피하다는 거예요. 마음 한편이 뜨끔했어요. 그때 '아, 이제 공부를 해야겠구나.' 하는 생각이 들었어요.

그로부터 얼마 뒤에 여자 친구와 패밀리 레스토랑에서 식사를 하다가 "훌륭한 요리사가 되어서 너에게 맛있는 음식을 해 줄게. 나 대학 조리학과 갈 거야."라고 했어요. 난데없는 이야기니 장난스럽게 보였겠지만, 저는 진심이었어요. 그리고 항상 뒷전이기만 했던 공부란 걸 하기 시작했습니다.

수학은 워낙 기초가 없어서 포기했고, 암기 과목과 국어, 영어 위주로 공부했어요. 한번 시작하면 끝을 보는 성향이라, 영어는 영어 사전을 통째로 외우려고 할 정도로 파고들었죠. 고3 마지막 시험에서는 반 석차가 중간 이상으로 올랐어요. 당당하게 조리학과에 입학원서를 넣었죠.

고3 때 1년 **공부**해서 성적 올리기 어려운데, 대단하시네요. 그럼 여자 친구와 약속한 대로 **조리학과에 합격**한 거예요?

네, 합격은 했어요. 그런데 합격한 학교에 다니지 않고 재수 아닌 재수를 하게 됐죠. 가장 친한 친구가 둘 있었는데 서로 다른 학교에 붙은 거예요. 셋이 같은 대학에 다니기로 약속했기 때문에 다 함께 재수를 했어요.(웃음) 하지만 1년 동안 공부는 안 하고 더 열심히 놀았어요.(웃음) 결국 재수해서 받은 수능 점수가 고3때 받았던 수능 점수보다 더 낮게 나왔어요. 하지만 셋이 같은 대학에 지원했고 모두 합격했습니다. 강원도에 있는 대학이었기에 셋이 함께 자취생활을 시작했죠.

"서로 대화도 나누고, 마치 한 편의
쇼처럼 진행하는데 처음으로
'어, 요리가 재미있는 거구나.'
하는 생각이 들었어요.
그때 요리사라는 직업이 제 머릿속에
처음 들어왔고, 매력을 느꼈어요."

한식 조리사 지망생, 양식 조리사가 되다

대학 생활은 어땠는지 궁금해요.

앞서 말씀드렸듯이 친구 두 명과 함께 방을 구해 자취를 했어요. 부모님들은 저희에게 제발 무사히 졸업만 하라고 당부하셨죠.(웃음)

처음에는 대학 생활이 어리둥절하기만 했어요. 고등학교 때부터 요리를 본격적으로 시작했던 친구들도 있어서 내가 많이 부족하다는 생각도 들고, 기본적인 것을 익히는 것만으로도 벅찬 시간이었어요. 하지만 나의 부족한 점을 알게 되고 다른 사람들이 앞서가는 모습들을 보면서 오히려 도전의식이 생겼던 것 같아요. 요리사로서 나의 장점은 무엇이고 단점은 무엇인지 고민도 하게 됐고요.

가장 친한 친구 셋이 함께 붙어 있으니 많이 놀기도 했지만, 군대를 다녀오고 복학한 후에는 학교 생활에 집중했어요. 셰프가 되기 위한 계획들도 하나씩 세우고 실천하며 노력하는 시간들을 보냈습니다. 유학도 이때부터 생각했지요. 요리사로서 나의 부족함을 더 채워갈 수 있는 방법들을 고민하며 바쁘게 지냈어요. 공부를 할수록 좋은 요리사가 되는 게 쉽지 않은 일이겠다는 생각이 들었고, 자격증 따서 조리사가 되는 것 말고 또 다른 길은 없을까 하는 고민도 했습니다.

졸업을 한 학기 남겨두고 학교 추천을 받아 리조트 레스토랑으로 실습을 나갔어요. 그 리조트가 저에게는 첫 번째 직장이었습니다. 하지만 실습을 시작할 때부터 그곳이 평생 직장이라고 생각하지는 않았어요. '실습을 위해 잠시 들른 곳이다, 난 또 다른 도전을 할 거다.'라고 생각했죠.

레스토랑에서 일하느 게 힘들지는 않았나요? **학교**와는 많이 달랐을 텐데요.

주방의 막내 일부터 차근차근 배워 나갔어요. 있던 식재료를 정리하고, 구입한 식재료를 받으러 가고, 선배들이 요리할 재료를 썰고 다듬고, 설거지를 하는 일이었죠. 그때는 선배들이 뭐든지 시키면 좋았고, 무슨 일이든 기꺼이 해냈어요. 막내니까 좀 실수를 해도 창피한 것도 없고 뭐든지 즐거웠죠.

그곳에서 **양식 요리**를 하셨나요?

네. 사실 전 한식당에서 일하고 싶었어요. 한식 조리사 자격증을 준비하고 있었으니까요. 그래서 면접 때도 한식당에서 일하고 싶다는 뜻을 밝혔습니다. 출근한 첫날에 윗분이 저를 어디론가 데리고 가셨어요. 리조트에 행사가 있는 날이니까 준비할 게 많다면서 행사장 식사 준비를 시켰지요. 점심으로 추어탕을 주기에, '내 바람대로 한식당에서 일하게 되었구나.'라고 생각했어요. 둘째 날에도 행사가 있었는데, 그날 점심은 갈비탕이 나왔어요. 한식당에서 일하는 게 확실하구나 싶어서 기뻤어요. 그런데 윗분께서 점심시간이 조금 지난 후 오시더니 저더러 양식당으로 가 보라는 거예요. 양식당 파트에서 일하는 선배들이 키가 작으셨어요. 저는 키가 크니까 가서 선배들을 도와주라는 게 이유였죠. 그런데 그 다음 날도, 또 그 다음 날도 양식당에서 일을 하라고 했고, 결국 양식당에 고정 배치되었습니다. 저에게는 인생에서 아주 중요한 부분이 그렇게 우연한 기회에 결정되었던 거죠.

양식당 선배들이 전부 키가 컸으면, 지금의 오세득 셰프는 없었을지도 모르겠네요.(웃음) **첫 사회생활**이었으니 실수도 많았을 것 같아요.

실습이 끝나는 마지막 날, 제가 큰 사고를 쳤어요. 정식 직원으로 발령이 나기 딱 하루 전이었죠. 그날 리조트에 큰 행사가 있었어요. 행사 물품을 싣고 행사장으로 이동하는데, 그날따라 바로 위의 선배가 계속 시비를 거는 거예요. 행사 준비도 바쁘고 힘든데 왜 저러나 했죠. '참자, 참자.' 하며 일을 하고 있는데 어느 순간 너무 화가 나는 거예요. 참다못해 계속 괴롭히는 선배를 확 밀어 버렸습니다. 그런데 선배가 뒤로 넘어지면서 수레에 발이 걸려 크게 다쳤어요. 너무 놀랐죠. 그 선배는 바로 병원으로 옮겨졌어요. 사고를 친 저는 상사에게 불려가 크게 혼이 났고, 행사장 준비도 혼자 도맡게 됐지요.

병원에 간 선배를 걱정하며 일을 하고 있는데, 행사장에 필요한 음식을 옮기라는 지시를 받았어요. 트레이에 음식을 가득 싣고 가는데 울퉁불퉁한 바닥에 트레이 바퀴가 걸리더니 그만 빠져 버렸어요. 행사에 쓸 300인분의 음식 중에 100인분이 바닥에 쏟아졌어요. 그뿐만 아니라, 트레이에 놓여 있던 전기밥솥이 육수통으로 떨어지면서 육수가 크게 넘쳤고, 그게 또 다른 선배의 다리에 쏟아졌어요. 그 선배는 화상을 입고 말았죠. 선배 둘이 저 때문에 다쳐서 병원에 가고, 행사에 필요한 음식은 삼분의 일 이상 못쓰게 되고……. 실습생 하나 때문에 리조트에 비상이 걸린 거예요. 그날은 정말 어떻게 하루가 지나갔는지 모르겠어요.

다음 날, '아, 이제 끝이구나. 마지막으로 인사나 드리고 와야겠다.' 하고 출근을 했더니 정식 직원 발령이 나 있는 거예요. 얼떨떨했어요. 운이 좋았다고 해야 할지……. 지금 생각해도 아찔한 기억이에요.

듣는 저까지 아찔하네요. 이런저런 사건 사고들이 있었지만, 그 리조트에서 계속 일을 하셨다고 들었는데, **어려운 순간**에 **힘이 되어 준 사람**이 있었나요?

제 인생의 스승님으로 모시게 된 김후남 셰프님이 안 계셨다면 리조트에서의 생활은 물론이고 셰프로서도 성장할 수 없었을 거예요. 항상 본받고 싶

셰프의 세계에 대해 궁금한 게 많은 예비 셰프들을 위해 솔직하게, 열정적으로 자신의 이야기를 들려준 오세득 셰프

은 김후남 셰프님이 계셨기에 리조트에서 근무하는 동안 마음가짐을 바르게 할 수 있었지 않았나 싶습니다.

스승님께서는 여러 나라의 식재료를 다채롭게 활용하여 맛을 내셨는데, "양식만으로, 한식만으로는 살아남을 수 없다."라고 종종 말씀하셨죠. 사실 요리를 한식, 중식, 일식, 양식으로 나누는 건 동양에만 있는 관습이에요. 특히 우리나라에서 심하죠. 나라마다 음식 문화가 크게 다르긴 하지만, 요리라는 게 국경을 중심으로 확연히 나뉘는 건 아니잖아요. 프랑스 음식 요리사가 이탈리아의 파스타 요리를 못하진 않거든요. 스승님은 여러 나라의 음식을 많이 알고 받아들여야 한다고, 다양성이 중요하다고 늘 강조하셨어요.

여러 가지 이유가 있지만, 제가 미국으로 요리 유학을 가게 된 것도 스승님의 영향이 컸어요. 여러 민족과 인종이 모였기에 다채로운 음식 문화가 공존하고, 퓨전 요리가 발달한 곳이 미국이니까 그곳에서 요리를 배우면 좋을 거라는 말씀을 평소 자주 하셨거든요. 스승님의 영향으로 저 역시 유학을 간다면 미국이 좋지 않을까 생각하게 되었죠.

조리사 자격증은 언제 취득했나요?

첫 직장인 리조트에서 근무하던 중에 조리 기능사 2급 자격증을 땄어요. 물론 준비는 대학 다닐 때부터 했지요. 사실 저는 개인적으로 조리사 자격증을 별로 중요하게 생각하지 않아요. 실전에서 자격시험 문제에 나오는 내용처럼 요리를 하는 경우는 드물거든요. 대학의 조리학과나 요리학원(학교)에서 정상적으로 과정을 마치면 별도의 자격증이 없어도 기본기가 갖추어졌다고 인정하고 취업도 할 수 있어야 하는데, 우리나라는 그렇지가 않습니다. 외국의 경우에는 국가 자격시험이 없는 경우가 훨씬 많아요.

조리 지식을 달달 외운다고 해서 훌륭한 요리가 만들어진다고 생각하지 않아요. 몸으로 제대로 느끼고 익혀야 제대로 된 요리가 탄생한다고 생각해요. 그렇게 익혔다면 자격증을 위한 시험은 굳이 필요하지 않다고 생각합니다.

66 조리사 관련 자격증 99

조리사 관련 자격증에는 조리 기능사, 조리 산업기사, 조리 기능장이 있습니다. 가장 기본적인 자격증이 조리 기능사입니다. 조리 기능사는 별다른 자격 요건이 없어서 누구나 응시할 수 있습니다.

반면 조리 산업기사는 4대 보험을 내는 사업장에서 실무경력을 2년 이상 쌓았거나 2년제 대학 졸업자 혹은 예정자의 경우 실무경력 1년 이상, 3년제 대학 졸업자 혹은 예정자의 경우 실무경력이 6개월 이상이어야 하는 등 자격 요건이 있으니 반드시 확인하고 준비해야 합니다.

조리 기능장은 가장 높은 단계의 조리 관련 자격증으로, 응시 요건이 까다롭고 시험도 매우 어렵습니다. 조리 기능장은 한해 응시자가 500여 명 수준인데 합격률이 10% 안팎으로 응시하기도, 합격하기도 쉽지 않습니다. 그래서 조리 기능장 자격증을 취득한 조리사는 최고의 조리사로 인정받습니다.

이 외에도 바리스타, 소믈리에, 푸드스타일리스트, 떡, 요리지도사 등 다양한 조리 관련 자격증이 있습니다. 하지만 조리 기능사, 조리 산업기사, 조리 기능장 외에는 대부분 민간단체에서 자격증을 발행하는 경우가 많습니다. 따라서 관심 있는 분야의 자격증을 준비하기 전에는 해당 자격증이 공신력이 있는지, 업계에서 인정받는 자격증인지 사전에 철저히 조사한 후 자신에게 맞는 것을 골라 집중적으로 준비하는 것이 좋습니다.

조리 기능사 시험은 다음과 같습니다.

1. 분야

한식, 양식, 일식, 중식, 복어, 제과제빵

2. 시험 방법

1) 1차 필기시험

· 분야에 상관없이 총 11개 항목에 대한 지식을 묻는 문제가 제시되며 1시간 동안 총 60문
  항을 풀어야 한다.
· 항목: 식품위생, 식중독, 식품과 감염병, 살균 및 소독, 식품첨가물과 유해물질, 식품위생관
  리, 식품위생관련법규, 공중보건, 식품학, 조리과학, 급식

2) 2차 필기시험

분야별 가이드 메뉴가 있다. 시험 시간은 총 70분이며, 당일 지정되는 2가지 메뉴를 각 1인
분씩 만들어 평가한다. 음식의 형태와 맛, 식재료 손질 상태, 도구 및 기구의 활용, 조리 기
술의 능숙 정도, 위생과 정리정돈까지 평가한다.

· 가이드 메뉴

한식: 밥, 찜, 전, 조림, 김치, 국, 찌개, 볶음 등 51개 메뉴 중 2개
일식: 회, 초밥, 튀김, 조림 및 구이, 냄비 요리 등 총 26가지 메뉴 중 2개
양식: 스프, 샐러드, 드레싱, 스테이크, 생선 요리 등 총 33가지 메뉴 중 2개
중식: 전채, 튀김, 볶음, 딤섬, 수프, 면, 후식 등 총 25가지 메뉴 중 2개
복어: 복어지리, 복어회. 독성 제거하기를 통해 먹을 수 있는 부위와 먹지 못하는 부위를
      구분하고 복어 껍질의 분류와 가시 제거에 대해 평가한다.
제과제빵: 쿠키, 파이 및 타르트, 머핀, 롤빵, 식빵 등 총 51개 메뉴 중 2개

3. 합격률

일정 점수 이상을 받아야 통과하는 절대평가 방식으로 경쟁률은 의미가 없다. 필기시험 합
격률은 2015년 기준 40% 내외이고, 실기시험은 한식 28.7%, 양식 29.5% 정도이다.

※ 한국기술자격검정원 www.ktitq.or.kr / 큐넷 www.q-net.or.kr 자료 참조

설렘을 안고 떠난 유학

미국으로 **요리 유학**을 떠난 때는 **언제**였어요?

스물여섯 살이던 2001년에 미국으로 떠났는데요, 유학을 마음먹은 건 스물네 살 때였어요. 외국 유학을 통해 저의 부족함을 채우고 싶었다고 할까요. 뉴욕에 외삼촌께서 살고 계셨던 것도 미국으로 유학을 떠나기로 결심한 배경이 되었어요. 그런데 제가 가고자 하는 학교에 입학하려면 2년제 이상의 대학 졸업과 2년 이상의 경력을 갖춰야 했어요. 그래서 2년간 직장을 다닌 다음, 사표를 내고 유학길에 올랐습니다.

유학 준비는 어떻게 하셨나요?

수업이 영어로 진행되니까, 영어 실력이 가장 문제였어요. 급한 대로 문법보다는 단어 외우기에 치중했죠. 당장 생활과 공부에 필요한 영어 실력을 갖추는 게 급선무니까 주어, 동사, 목적어만 제대로 구사하면 된다고 생각했어요. 그래서 어휘력을 쌓는 데 일단 힘을 쏟았습니다. 그리고 미국에 도착해서 요리학교에 들어가기 전에 어학연수를 했어요. 시간이 날 때면 현지 시장이나 이색적인 가게들을 다니며 한국에서 보지 못한 희한한 식재료를 구경했어요. 맛도 보고 구경도 하며 나름대로 준비의 시간을 가졌습니다.

미국에 도착한 **첫 인상**은 어땠나요?

착륙하기 전 비행기 안에서 공항을 내려다볼 때, 드넓은 들판이 눈에 가득 들어왔어요. "진짜 넓긴 넓구나." 하는 생각이 저절로 들더라고요. 그때 다짐을 했어요. '여기서 반드시 뭔가를 이루어야겠다.' 솔직히 그때까지만 해도 뭔가를 이 악물고 열심히 해본 적이 없었어요. 즐겁게, 마음 편히 살려고만 했죠. 그러다 생활환경이 바뀌니까 마음가짐이 달라지더라고요. 배움에 대한 설렘도 컸고, 어떤 사람들과 만나 친구가 되고 동료가 될까 하는 기대도 품었죠.

요리학교로 **ICE**(Institute of Culinary Education)를 **선택한 이유**가 있나요?

ICE 요리학교로 결정하기 전에, CIA(The Culinary Institute of America)라는 요리학교를 먼저 알아봤어요. 세계적으로 유명한 학교거든요. 그런데 그곳의 교육과정을 보니 처음 요리를 배우기 시작하는 사람에게 더 적합할 것 같았어요. 현장 경험이 있는 저로서는 수업 외에도 실제경험을 많이 쌓고 싶어서 그 학교와 맞지 않다고 결론 내렸죠. 그리고 CIA는 학교 주변이 좀 휑하더라고요.(웃음) 반면 맨해튼에 있는 ICE는 명문학교이기도 하고, 커리큘럼 역시 저처럼 현장 경험이 있는 사람에게 더 잘 맞았어요. 집에서도 가까워서 오전에 수업을 듣고 오후에는 식당에서 일하며 현지 레스토랑에서 경험을 쌓을 수 있겠다는 생각에 ICE로 결정하였습니다.

맨해튼은 말 그대로 문화적 다양성이 폭발하는 곳이었어요. 다국적 사람들이 만들어 내는 온갖 퓨전 음식과 전통 식당이 모두 맨해튼에 있어요. 세계 여러 나라를 돌아다니며 요리 수련을 할 것도 없이, 맨해튼이면 모든 걸 배울 수 있다고 생각했어요.(웃음)

요리학교에서는 당연히 **양식 분야**를 배우신 거죠?

ICE 요리학교는 6개월 단위로 교육과정이 짜여 있었어요. 요리 기술, 제빵 기술, 요리 매니지먼트 과정이 개설되어 있는데, 저는 이탈리아 요리라거나 프랑스 요리라고 따로 구분하지 않고 양식 분야를 배웠습니다.

첫 수업 시간에 기분이 남달랐을 것 같아요.

설렘도, 기대도 컸지만 그만큼 걱정도 많았어요. 과연 영어로 하는 수업의 내용을 알아들을 수 있을까 걱정했죠. 영어 연수를 받았지만, 요리에 대한 전문용어는 많이 부족했기 때문에 수업을 들으며 이해하지 못할까 봐 항상 긴장했어요. 그래서 오히려 더 집중하고 수업에 참여했지 않았나 싶습니다. 초반에는 교수님 입 모양을 유심히 보며 하시는 말씀을 모조리 받아 적었어요.(웃음) 수업 전체를 녹화하거나 녹음하고 싶은 마음이었지만, 그럴 수는 없어서 수업 자료 같은 건 디지털카메라로 찍어서 보관하기도 했어요.

수업 분위기는 어땠나요?

다들 열심히 수업을 들더라고요. 유학 온 친구들은 물론, 미국인 친구들에게도 학비가 만만치 않게 비싼 곳이었거든요. 저를 비롯한 학생들이 하나같이 수업에 열성적으로 참여했어요. 세계 각국에서 온 다른 학생들과 때로는 서로 돕고, 때로는 경쟁하며 함께 성장하는 경험이 저에게 큰 자극이 되었습니다.

한국에서 대학생활 할 때와 가장 큰 차이는, 한 반에 학생 수가 12~14명 정도밖에 되지 않아서 교수님과 밀착 수업이 가능했습니다. 언제든 궁금한 걸 물어보고 자문을 얻을 수 있었죠. 마치 그룹 과외를 받는 기분이었어요. 게다가 1인 1요리를 만들 수 있었어요. 한국에서는 조를 나눈 뒤, 여러 명의 학생이 요리 하나를 완성하는 식으로 수업이 진행되는 경우가 많았는데 ICE에서는 1대1로 평가를 받을 수 있어서 내가 잘한 부분, 잘하지 못한 부분을 제대로 평가받을 수 있었습니다. 정말 큰 도움이 되었습니다.

또 하나 기억에 남는 건, 수업에 사용할 고기가 부위별로 잘린 것이 아니라 덩어리째 전달되는 경우가 많았어요. 그 덕에 소, 돼지, 양 등 여러 고기를 정형하는 과정을 직접 볼 수 있었습니다. 직접 정형하기도 했고요. 그래서 재료에 대해 제대로 이해할 수 있었지요. 한국에서는 대부분 손질된 고기를 받았거든요. 재료에 대한 접근 방식부터 많이 다른 거죠.

학교에서는 **어떤 학생**이었어요?

다들 저를 '쎄'라고 불렀어요. '세득'이란 발음이 어렵기도 하지만 원래 외국에서는 가운데 이름만 부르기도 하잖아요.(웃음) 다른 건 몰라도 칼질 하나만큼은 인정받는 학생이었어요. 친구들은 물론 교수님까지. 빠르고, 정확하고, 모양도 잘 만든다고요.

아쉽게도 친구들과 어울려 지낼 시간이 별로 없었어요. 수업이 끝나면 레스토랑에서 일해야 했으니까요. 다른 반은 한국인이 몇 명 있었던 것 같은데, 제가 있는 반은 저 한 명이었죠. 동양인이라고는 말레이시아 친구 하나밖에 없었어요. 미국이라는 곳이 놀겠다고 마음먹으면 놀 거리가 정말 많은 곳인데, 저는 오로지 음식과 요리에만 집중했습니다. 시간과 돈을 투자한 만큼 요리에 대한 지식과 경험을 확실하게 쌓고 가야 한다는 생각뿐이었습니다.

04

가장 치열했던
유학 시절

유학 시절 내내 살인적인 스케줄로 생활하셨다고 들었습니다. **유학 생활 이야기**를 들려주시겠어요?

학교 수업 시작 시간이 아침 8시라서 매일 아침 6시 30분이면 일어났습니다. 후다닥 씻고 대충 차려입고서 지하철역으로 향했지요. 학교까지는 지하철로 30~40분 정도 걸렸어요. 학교에 도착하자마자 요리 복장으로 갈아입고 수업에 참여합니다. 수업은 오후 1시쯤 끝이 나는데, 뒷정리를 하고 간단하게 점심을 먹고 서둘러 호텔로 향했어요. 오후 3시부터 호텔 레스토랑에서 파트타임 요리사로 일했습니다. 학교에서 배운 것을 실전을 통해 활용하면 실력이 더 빨리 늘게 될 거라고 생각했기 때문에 유학 초기부터 호텔에서 일을 했어요. 미국의 레스토랑 근무 환경을 경험해보고 싶은 마음도 있었고요.

밤 10시에 퇴근을 하는데 집에 도착하면 12시 가까이 돼요. 피곤하지만 바로 잠들 수는 없었어요. 영어 공부는 물론 학교에서 배운 걸 복습도 하

리얼Real 셰프

고, 예습도 해야 했으니까요. 복습과 예습이야말로 중·고등학교 때는 상상도 못할 일이었죠.(웃음) 공부가 다 끝나면 새벽 2시 반. 그러니까 하루에 잠을 네 시간밖에 안 잔 거예요. 제 인생의 그 어느 때보다 열심히 살았던 시절이었어요.

그렇게 4년간 미국에 머물면서 요리를 배우고 여러 호텔과 레스토랑에서 일한 뒤 한국에 돌아왔습니다.

┃ 오세득 셰프가 인생에서 가장 치열한 시간을 보낸 ICE 요리학교 재학 시절의 모습

그래도 휴일에는 여유가 있지 않았나요? 휴일은 어떻게 시간을 보냈어요?

식재료를 전문으로 파는 마트에서 살다시피 했어요. 우리나라 사과가 아오리, 부사 등으로 나뉘는 것처럼 미국의 사과도 마찬가지인데, 그 종류가 정말 다양해요. 레드 딜리셔스, 골든 딜리셔스, 노던 스파이 등 한 조각씩 먹어 보며 당도, 식감 등의 차이를 알아가는 거죠. 마트에서 재료를 탐색한 다음에는 식당에 갑니다. 인도 음식점에도 가 보고, 폴란드 사람들이 자주 가는 소시지 가게도 가 보고. 이때 가장 많은 재료를 먹어 보고 가장 다양한 요리를 맛보지 않았나 싶어요. 그 시절 저에게는 요리 공부만큼 재미있는 게 없었습니다. 낯선 나라에서 온갖 식재료와 요리를 경험하면서 저만의 요리법, 저만의 요리에 대한 생각들이 정리된 시간이었어요.

그때 일했던 레스토랑에서 어떤 것을 익히고 배웠나요?

ICE 요리학교에서 요리의 기본기를 배웠다면, 여러 레스토랑에서는 셰프들의 조언을 몸으로 익힐 수 있었어요. 예를 들어, '항상 주방을 깨끗하게 유지해라.', '좋은 식재료를 준비해라.', '손님이 신뢰할 수 있는 요리를 만들어라.'였죠. 모두 셰프로서 갖춰야 할 기본 원칙이지만 실제로 실천하기 어려운 것들이잖아요. 그때 했던 레스토랑 일은 셰프로서 좋은 습관을 들일 수 있는 기회였어요. 국경의 장벽 없이, 다양한 요리를 경험하고 배울 수 있는 시간이었어요.

짬짬이 호텔이나 요리학교에서 진행하는 특별 클래스를 수강하기도 했어요. 특별 클래스는 학교에서는 배우지 않는 새로운 조리법이나 최신 유행 요리를 경험할 수 있거든요. 그중에서도 뉴욕의 만다린 오리엔탈 호텔에서 진행하는 쿠킹 스쿨이 인상적이었습니다. 세계 여러 나라에서 여행 온 사람들과 현지에서 공부를 하는 사람들이 어울려 요리에 대한 폭넓은 대화를 나누고 함께 실습할 수 있었거든요. 타이 음식을 기본으로 퓨전 요리 등을 배우는 시간이었는데, 요리도, 참여하는 사람들도 문화의 장벽이 없이 즐겁게 배울 수 있는 시간이었습니다.

2002년 ICE 요리학교
졸업 기념 사진

학업과 레스토랑 일을 병행하는 게 정말 힘들었을 것 같아요.

레스토랑에서 일할 때였는데, 하루는 허브로 매듭을 지어야 하는 일이 있었어요. 음식 장식을 위한 거였죠. 쪼그려 앉아서 300개가 넘는 매듭을 만드니 얼마나 힘들겠어요. 허리가 아파서 저도 모르게 '아이고, 허리야…….' 혼잣말을 했죠. 그랬더니 옆에 있던 친구가 자기는 열심히 하고 있는데 왜 그런 말을 하느냐고 정색하더라고요. 알고 보니 제 말을 'Hurry up'으로 들은 거예요. 이때부터 아재 개그가 시작된 게 아닌가 싶어요.(웃음)

힘든 줄 모르고 일했던 것 같아요. 학교든 레스토랑이든 그곳에서 겪는 모든 일이 저한테 소중한 경험이었으니까요. 레스토랑마다 메뉴에 있는 요리가 다르니까 다루는 재료도, 만드는 방식도 모두 달랐습니다. 제가 할 일은 그걸 나만의 방식으로 어떻게 푸느냐 고민하는 거였죠. 음식은 굽고, 삶고, 데치고, 튀기고, 지지고, 볶는 방식으로 만들어져요. 과거에도 그랬고, 지금도 그렇고, 앞으로도 그럴 거예요. 어떤 재료를 선택해 어떤 방식으로 요리하느냐에 따라 완성되는 음식이 달라지는 거죠. 유학 시절은 기본 재료와 기본 요리 방식을 제대로 느끼고 배운 시기였습니다. 힘들다기보다 행복했어요. 온전히 요리에만 집중하던 시간이었으니까요. 이때 많은 것을 느끼고 다양하게 배운 덕분에, 그 양분으로 지금까지 일할 수 있는 것이라고 생각합니다.

외국 요리를 공부하기 위해 꼭 유학을 가야 한다고 생각하세요?

몇 년 전만 해도 저는 학생들에게 외국 가서 요리를 배우라고 말했어요. 한국에서 요리를 배우는 비용과 외국에서 요리를 배우는 비용이 비슷하기 때문이었죠. 한국에서 2년제 또는 4년제 학교를 다니면 4~5천만 원이 드는데, 외국에서는 6~12개월 짧은 과정에도 그만큼의 돈이 들어가요.

물론 외국 유학은 단기간에 많은 비용이 들고, 준비도 많이 해야 하기 때문에 쉽게 결정할 수는 없습니다. 하지만 외국에 나가 공부하면 다양한 요리 기술을 배울 뿐만 아니라 다양한 문화권의 사람들과 어울려 서로 자극을 받을 수 있다는 점에서 추천합니다. 역사가 오래된 요리 학교들만의 남다른 시설, 커리큘럼을 국내보다 더 짧은 교육 기간 안에 경험하고 익힐 수 있다는 것도 큰 장점입니다.

물론 한국 대학에서는 요리만 배우는 것이 아니라 교양 수업 등 기본 소양을 익히는 교육도 받기 때문에 교육 기간만으로 단순 비교하기에는 무리가 있지요.

그런데 오너 셰프로서 레스토랑을 직접 운영하며 많은 요리사들을 채용하고 함께 일했는데, 자격증이 많거나 오랫동안 요리를 공부했다는 것보다 본인의 열정이나 문화를 받아들이는 자세, 창의적인 요리를 위한 연구하는 태도 등이 더 중요하다는 것을 느꼈습니다. 유학을 다녀온 친구들이 그런 면에서 좀 앞선 모습을 보이는 경우가 많았고요.

하지만 그것도 이제 옛말이 되지 않을까 합니다. 요즘은 우리나라에서 요리를 공부하는 친구들도 많이 달라졌어요.

그럼, 지금은 유학에 대한 생각이 달라지신 건가요?

네, 그렇습니다. 요즘은 국내 대학이나 요리학교의 조리학과 교수들 중 상당수가 유학파예요. 유학이 보편적이지 않던 시절에 스스로 부딪치며 실력을 쌓은 분들이지요. 그리고 자신이 힘들게 배운 것을 적극적으로 국내 대학의 커리큘럼과 시설 개선, 교육 내용과 방식에 반영하고 있어요. 저 역시 그렇게 하기 위해서 최선을 다하고 있고요. 이제는 자신의 상황과 비전에 맞게 국내든 해외든 결정하면 된다고 생각합니다.

66 세계적으로 유명한 요리학교들 99

세계적으로 유명한 요리학교에 대한 정보를 정리했습니다. 양식 요리를 할 계획이라면 국내에서 조리사 자격증을 따지 않고 바로 유학을 가는 것도 고려해 볼만합니다.

아래 정보를 본 후 더 알고 싶은 학교가 있다면 해마다 입학 조건이나 방법, 학비 등이 달라질 수 있으니 유학원 등을 통해 해당 학교에 대한 입학방법을 확인해 보시기 바랍니다.

1. 프랑스 폴 보퀴즈(Institut Paul Bocuse) 요리학교

〈미슐랭 가이드〉의 명예 셰프인 폴 보퀴즈와 제라드 펠리쏭 셰프가 1990년에 설립한 학교로 프랑스 리옹에 있습니다.

학과는 매니지먼트와 요리 파트로 구성되어 있습니다. 졸업과 동시에 레스토랑을 운영할 수 있도록 요리, 와인, 치즈, 제과제빵, 디저트, 서비스, 회계, 경영, 마케팅 등을 체계적으로 지도합니다. 수업 기간은 2년 6개월이고, 이후 6개월 동안 최종 실습을 합니다.

한국인이 입학하려면 최소 고등학교 졸업과 함께 수학능력시험 경력 또는 대학 입학 경력이 필요합니다. 입학 시, 공인된 프랑스어 시험 점수나 토익, 토플 등과 같은 공인된 영어 시험 점수 증명서를 요구합니다.

2016년 우송대학교가 폴 보퀴즈 요리학교와 학술교류 협약을 체결하였습니다.

2. 프랑스 르 코르동 블루(Le Cordon Bleu) 요리학교

세계 3대 요리학교 중 하나로 1895년에 개교했습니다. 단기 과정과 장기 과정(요리, 제빵, 제과, 와인)이 있습니다. 장기 과정은 초급, 중급, 고급으로 나뉩니다. 각 단계를 이수하면 이에 대한 증명서가 발급되고, 고급 과정을 마치면 자격증을 수여합니다. 또한 요리와 제과 과정을 동시에 진행하는 '르 그랑 디플롬(Le Grand Diplôme)'의 고급 단계를 모두 마치면 세계적으로 인정받는 '르 그랑 디플롬 르 꼬르동 블루(Le Grand Diplôme Le Cordon Bleu)'를 받게 됩니다.

2002년부터 한국 숙명여자대학교에서 르 꼬르동 블루와 공동으로 '르 꼬르동 블루-숙명 아카데미'를 운영하고 있습니다.

3. 프랑스 리츠 에스코피에 요리학교(Ritz Escoffier Ecole de Gastronomie Française)

리츠 파리 호텔 초대 수석 요리사 오귀스트 에스코피에의 모토인 '좋은 음식은 진정한 행복의 원천이다.' 아래에서 발전해 왔습니다. 리츠 호텔의 요리장을 비롯해 각종 상을 수상한 일류 셰프와 소믈리에가 강의합니다. 요리는 물론 제과, 제빵, 와인 지식, 테이블 세팅까지 프랑스 요리에 관한 모든 내용을 공부할 수 있습니다.

프랑스어로 수업이 진행되지만 영어 통역이 있고, 코스에 따라 일본어 수업도 진행합니다.

4. 이탈리아 ICIF 요리학교(Italian Culinary Institute for Foreigners)

이탈리아 요리를 전 세계에 널리 알리려는 취지 아래 이탈리아 주정부가 설립한 학교로, 외국인을 대상으로 운영하는 교육기관입니다. 1991년부터 수많은 전문 요리사를 배출하여 가장 공신력 있는 이탈리아 요리 교육기관으로 인정받고 있습니다. 전문 이탈리아 요리 교육과 현지 레스토랑 인턴 실습을 통해 실제 경험을 쌓는 정규 마스터 코스와 전문 요리사를 위한 브레베(Breve) 코스가 있습니다.

2000년에 ICIF 한국예비학교가 설립되었습니다.

5. 미국 ICE 요리학교(Institute of Culinary Education)

1975년 뉴욕 맨하탄 중심부에 설립되었으며 2002년, 2003년, 2006년, 2008년에는 국제 요리 전문가 협회(IACP. International Association of Culinary Professionals)가 선정하는 최우수 요리학교(Excellence for Culinary School)에 선정되었습니다.

8개월부터 13개월 과정으로 진행되며, 요리, 제과, 제빵, 외식 경영 등의 프로그램을 제공합니다.

6. 미국 CIA 요리학교(Culinary Institute of America)

세계 3대 요리학교 중 하나로 1946년에 설립되었습니다. 실전 경험이 많은 교수진으로 구성되어 있고, 2시간 이론 수업에 나머지는 모두 실습으로 이뤄집니다. 서양 요리를 기초로 시작하여 영양소에 바탕을 둔 건강식 요리까지 섭렵합니다.

1, 2학년 때는 유럽과 한국을 비롯한 아시아, 제3세계의 요리도 공부합니다. 40개가 넘는 주방과 제과점, 레스토랑을 직접 운영하고 있어 교내에서도 충분히 실습할 수 있습니다.

뉴욕과 캘리포니아, 텍사스에 분교가 있습니다.

7. 미국 존슨앤웨일즈 대학교(JWU, Johnson & Wales University)

호텔 경영과 요리에 특화된 대학교입니다. 미국 내 4개의 캠퍼스 중 원하는 캠퍼스를 선택하여 교육받을 수 있습니다. 학사부터 박사학위까지의 과정을 모두 운영하고 있으며 한 학급당 20~30명 정도의 소규모 강의 운영으로 밀도 높은 교육을 지향합니다.

제과 제빵 및 푸드 서비스 경영, 국제 호텔 및 관광 경영, 레스토랑 및 식음료 경영, 스포츠·엔터테인먼트·이벤트 경영 등 세분화된 호텔 경영과, 제과, 제빵, 요리, 여기에 푸드 서비스 경영을 더한 요리학사 과정이 있습니다.

마케팅, 재정, 무역 등 전문과정이 더해진 석사 과정이 있으며 자체 영어 연수 프로그램도 운영합니다. 유학생에게는 입학 성적에 따라 1,000~5,000달러의 장학금을 지급합니다.

8. 일본 핫도리 영양전문학교

400년이 넘는 역사를 자랑하는 요리 전문학교입니다. '전통과 현대를 이어가는 것, 이것이 요리의 역사'라는 모토를 갖고 있습니다. 서양 요리가 가장 큰 비중을 차지하는데, 특히 프랑스 요리에 중점을 두고 있으며, 미슐랭 스타 3개를 받은 셰프 출신 강사도 많습니다. 영양사과는 영양사 관련 학문을 기초로 하여 테이블 코디네이트, 컬러 코디네이트도 가르칩니다.

9. 일본 츠지 조리전문학교

1960년에 츠지 시즈오가 창설한 '식(食)'의 종합 교육기관입니다. 츠지 조리전문학교를 중심으로 오사카, 도쿄, 프랑스에 14개 그룹 학교가 있습니다. 일본 요리뿐 아니라 프랑스, 이탈리아, 중국 요리 등을 폭넓게 배울 수 있는 것이 특징입니다. 졸업하면 국가시험 면제(무시험)로 일본 조리사 면허를 취득할 수 있습니다.

요리는 맛으로 표현하는
인문학이다

조리학과는 원래 **자연계열**(이과)인데, **인문계열**(문과)에서도 지원할 수 있다고 해요. 사실 이과인지 문과인지 애매해 보이기도 합니다.

요리가 영양분의 화학적 결합이나 기술이라면 자연계열이 맞겠죠. 그러나 저는 요리가 인문학으로 가야 한다고 생각해요. 요리에는 기술보다 철학이 더 깊게 담겨 있기 때문이에요. 아무리 요리 기술이 발전한다고 해도 요리에는 사람의 입맛과 문화가 곁들여져야 해요. 예를 들어, 소를 빨리, 육질이 좋게 키우는 새로운 방법이 나왔다고 해보죠. 그런데 이 방법이 동물에게 가학적인 행위를 해야 하는 거라면, 과연 고기의 육질을 위해 그 방법을 취하는 게 옳을까요? 비상식적인 행위로 키운 동물에서 나온 고기는 그 자체로 '독'이에요. 이런 부분에서 요리에 대한 인문학적 접근이 필요하다고 생각해요.

'요리는 인문학이다.'라는 말이 신선하게 느껴져요.

요리가 인문학인 이유 가운데 또 하나는 요리에는 인간의 삶이 담겨 있기 때문이에요. 우리는 음식을 먹으면서 추억을 떠올리죠.

설이나 추석과 같은 명절이 가까워지면 가장 먼저 무엇이 떠오르세요? 세대에 따라 좀 다르겠지만, 공통적으로 추억이 담긴 명절 음식을 떠올리지 않을까 해요. 다른 집에는 없는 우리 집만의 명절 요리, 음식 마련에 정신이 없는 엄마 옆에서 핀잔을 들어가며 집어 먹는 부침개의 고소한 맛, 할머니께서 직접 콩고물을 묻혀서 입에 넣어 주시던 인절미……. 고향에 가는 길이 막혀서 피곤하고, 손님들을 대접하는 게 힘들다 해도, 음식을 중심으로 한 따뜻한 정과 맛있는 추억들이 있어 아름답게 기억되는 게 아닐까 해요.

외국 여행에서도 마찬가지예요. 1시간을 헤매며 찾아간, 현지 요리법에 충실한 소박한 요리 하나로 여행의 피곤이 사라지고, 돌아와서는 그 음식과 그곳의 추억이 한데 뒤섞여 떠오르잖아요. 고기의 맛, 와인의 향을 떠올리면 입안 가득 침이 고이고 그 장소, 그 시간이 따뜻한 위로로 떠오르지요. 이처럼 요리는 먹을 때는 입과 마음을 함께 행복하게 하고 시간이 흐른 후에는 힘을 주는 기억이 되기에 인문학적인 접근이 꼭 필요하다고 생각합니다.

요리사가 되려고 **준비**할 때 **가장 중요한 건** 무엇이라고 생각하세요?

무엇보다 정신 자세가 중요합니다. 빨리 요리사 되려고 하면 그냥 빨리 흘러가고 빨리 끝나 버려요. 천천히 꾸준히 해 나가려는 끈기와 노력이 없다면 절대 좋은 요리사가 될 수 없습니다. 요리도 사람과 마찬가지예요. 사람의 경우 세월이 지나면 원숙미와 노련미가 생기잖아요. 그게 요리로 따지면 '숙성'이죠. 요리의 경우 처음엔 재료가 어우러지지 않아서 맛이 따로 놀아요. 간은 배었지만 깊은 맛은 나지 않죠. 어떤 음식들은 곰팡이가 생기도록 그냥 둬야 합니다. '이게 뭐야, 썩었네.' 하고 생각할 수 있지만 그 곰팡이 밑에는 놀라운 맛과 향이 숨겨져 있기도 하거든요. 요리사도 발효 음식처럼 잘 숙성되어야 해요.

좋은 요리사가 되려면 **시간을 두고 수련**해야 한다는 말씀이네요.

그렇죠. 요즘 대중매체에 요리가 자주 등장하니까 요리에 너무 쉽게 접근하려는 경향이 있어요. 그러다 보니 화려한 요리에 관심이 쏠리고, 상대적으로 겉보기에 소박하고 시간이 많이 걸리는 전통 요리를 등한시하기도 하죠. 하지만 좋은 음식은 시간이 만들어 주는 거예요. 요리사를 준비하는 청소년들이 여유 있는 마음을 가졌으면 좋겠어요. 언젠가 자신의 요리 실력을 발휘할 수 있는 때가 꼭 와요. 그 시간을 기다리면서 부지런한 자세로 꾸준히 노력하면 좋겠어요.

"요리에는
인간의 삶이 담겨 있어요.
그래서 인문학적으로
접근해야 한다고 생각해요."

셰프 오세득의 이름으로

chapter 3

셰프의 세계 엿보기

셰프의 **하루 일과**는 어떻게 되나요?

아침에 출근해서 먼저 주방의 정리 상태를 확인합니다. 식당에서 위생과 청결만큼 중요한 건 없잖아요. 그다음 주문서에 맞게 식재료가 왔는지 체크하고, 냉장고를 열어 식재료가 간밤에 변질되지 않았는지 확인해요. 또한 자주 사용하는 식재료들이 제자리에 있는지도 점검하죠. 확인과 점검이 모두 끝나면 셰프인 저를 비롯해 주방에서 일하는 모든 요리사가 자기 위치로 가서 요리 준비를 시작합니다.

요리사들은 보통 오전 11시 정도에 점심을 먹고, 오후 5시 정도에 저녁을 먹어요. 손님들 오기 전에 미리 먹는 거예요. 바쁘고 힘든 주방 일이니까 든든히 먹고 기운 내서 일해야죠.

식당 영업 시간이 끝나도 셰프의 일은 이어질 때가 많습니다. 떨어진 재료를 확인하고 뒷정리를 하고 메뉴 개발도 하고……. 그러다 보면 어느새 한밤중이지요.

제가 요리 프로그램을 볼 때마다 느끼는 건데, **음식을 하는 단계**마다 도마도 바꾸고 칼도 바꾸고 하잖아요. 역시 **위생**만큼 중요한 건 없겠죠?

그럼요. 주방의 위생만큼이나 중요한 건 개인 위생이에요. 손톱과 발톱을 잘 깎고, 머리카락 잘 정돈하는 것은 요리하는 사람이라면 누구나, 반드시 해야 할 일이죠.

저는 요리할 때 라텍스 재질로 된 위생 장갑을 자주 써요. 손에 기름기나 비린내가 남아 있으면 요리를 할 수 없습니다. 바쁜 와중에 계속 손을 씻을 수도 없고요. 음식은 손맛이라고 이야기하지만, 손에는 병원균이 많이 묻어 있어요. 그리고 손에서 나오는 땀은 염분이라서 땀 때문에 음식 간이 달라질 수 있으니 조심해야 합니다. 의사 선생님이 수술을 집도할 때 수술 장갑을 끼는 것처럼, 요리사도 사람의 몸에 들어가는 음식을 만들기 위해 위생 장갑을 낀다고 보면 돼요.

요리사가 가장 **아끼는 요리 도구**는 당연히 **칼**이겠죠?

각자 자기만의 전용 칼이 있어요. 자기 손에 익숙한 칼이죠. 그렇다고 한 가지만 쓰는 건 아니고 여러 가지를 다 써요. 용도에 따라 칼을 바꿔 써야 하니까요. 셰프들은 가방에 전용 칼들을 넣어서 가지고 다닌답니다.

사람들이 잘 모르는 **요리사들만의 문화**가 있나요? 예를 들면 엄격한 **선후배 사이** 같은 거요.

흔히 요리사들끼리 선후배 관계를 많이 따진다고 생각하는데, 그렇지 않아요. 주방에서 일하는 내내 같이 지내야 하는데 삭막하게 지내서 좋을 건 없으니까요. 힘든 일을 함께하기 때문에 정도 많이 쌓이고요. 물론 주방은 위험이 항상 도사리고 있기 때문에 체계나 규칙이 중요하지만, 그렇다고 해서 명령하고 무조건 따르고, 혼내고 그렇지는 않아요.

특이점이라고 하면, 셰프들의 경우 직원 채용을 위해서 서로의 인적 자원을 공유하고 네트워크를 유지하기 위해 노력해요.

"우리 매장에 직원 필요한데 소개해 줄 사람 없어?"

"우리 직원이 그만두려고 하는데 한번 소개 받아 봐."

요리사들 중에 이 식당에서 조금 배우고 저 식당에서 아주 짧은 기간 일하는 등 한곳에 오래 머물지 못하는 사람이 있어요. 그러면 셰프들 사이에서 소문이 돌죠. 셰프들의 커뮤니티가 형성되고 커지면서 요리사들 사이에 '직업윤리'랄까 그런 게 생겼어요.

셰프는 주방을 책임지니까 다른 요리사들보다 **정신적**으로 **더 힘들 것** 같아요.

사실 주방에서는 누구 하나 힘들지 않은 사람이 없어요. '육체가 더 힘드

식재료부터 조리도구까지 직접 챙기는 오세득 셰프

냐, 정신이 더 힘드냐?' 하는 차이가 있을 뿐이죠. 직급이 위로 올라갈수록 정신적으로 힘들어져요. 막내의 경우 시키는 일을 하면 되지만, 직급이 높아질수록 책임질 일이 많이 생기죠. 또 새로운 음식과 메뉴를 개발해야 한다는 부담감도 더 커지고요.

막내든 셰프든 근무 시간은 다 같아요. 드라마에서 보면, 막내는 새벽에 출근해 밤늦게까지 일하고 셰프는 늦게 나와 일찍 퇴근하는데 그건 사실과 달라요. 또 선배들이 후배들에게 요리 기술을 가르쳐 주지 않으려고 해서 갈등이 생기는데, 그것도 사실과 다릅니다. 후배에게 잘 가르쳐 줘야 선배가 편해지고, 그래야 주방 일이 원활하게 돌아가죠.

레시피와 **메뉴**는 주로 어떻게 **개발**하시나요?

저는 여행을 다니면서 요리 레시피에 대해 많이 생각해요. 국내 여행을 가면 저는 그 지역의 한식 전문점에 찾아가 음식을 맛봅니다. 여행을 마치고 돌아오면 그곳에서 먹어 본 음식의 식재료를 사서 저만의 방식으로 만들어 보죠. 외국 여행을 가면 메뉴를 기억해 둬요. 역시 돌아와서 그 메뉴를 만들어 보고요. 요즘 요리를 배우는 학생들을 보면 남의 식당 음식을 모방하려고만 하는데, 정말 안타깝습니다. 쉽지는 않겠지만 자기만의 요리를 해야 돼요. 그러지 않으면 요리사로서 발전하지 못해요. 기본적으로 저희 레스토랑의 메뉴는 저와 직원들이 함께 개발해서 내놓습니다. 제철에 나오는 식재료에 따라 메뉴를 자연스럽게 변화시키지요.

셰프에 대해 사람들이 가진 **편견**과 **오해**가 있다면 무엇일까요?

예전에는 요리사를 허드렛일 하는 사람, 못 배워서 부엌에서 일하는 사람
이라고 여겼습니다. 제대로 대우도 못 받고 무시당하는 직업이었죠. 몇 년
전까지만 해도 선배들은 '내가 배운 게 없어서', '먹고 살려고' 요리를 했다
고 말씀하시곤 했어요. 요리사에 대한 사회적 인식이 좋지 않다 보니 자긍
심을 가질 수 없었습니다.

하지만 외국에서는 그렇지 않아요. 특별한 음식은 먹는 사람을 특별
하게 만들어 준다고 생각하는 문화가 있다 보니, 자연스럽게 그
음식을 만드는 요리사를 존중하고 또 전문직으로 인정합니다.

최근 들어 가장 관심받는 전문 분야가 요리라고 하는데, 관심이 늘어난 만
큼 편견도 사라졌으면 좋겠어요.

02

셰프가 되려면?

요리사가 되기 위한 **신체적 조건**이 있을까요? 이를테면 뛰어난 손재주나 예민한 미각을 가져야 한다던지요.

제가 보기엔 신체적 조건도 중요하지만 그에 못지않게 정신적 조건이 필요하지 않을까 싶어요. 셰프를 비롯한 요리사는 자신을 포기할 준비가 되어있어야 해요. 남들이 음식을 먹을 때 요리사는 요리를 해야 하기 때문이죠. 곧 자신을 내려놓을 줄 아는 자세가 필요하다는 말이에요.

특별히 손재주가 뛰어나야 하는 건 아니라고 생각합니다. 요리에 필요한 기술은 부단히 연마하면 되니까요. 후각과 미각이 필요하기는 한데, 그것도 노력하면 어느 정도 수준에 오를 수 있어요. 미각은 기억력과 연관이 있어요. 기억이 안 나는데 맛을 표현할 수는 없으니까요. 그래서 메모하는 습관을 기르는 것이 좋아요. 음식과 식재료의 맛뿐 아니라, 그 정보까지 기록하면 더욱 좋습니다. 가령 쓴맛을 없애기 위해 어떤 식재료가 필요할까 고민할 때 예전에 해 두었던 메모가 좋은 힌트가 될 수 있죠.

플레이팅을 잘하려면 **미적 감각**도 있어야겠죠?

미적 감각이 뛰어난 사람이 당연히 플레이팅도 잘합니다. 하지만 요리사에게는 맛보는 능력이 더 중요해요. 요리는 예쁜 것보다는 맛이 더 우선이라는 뜻이죠. 그래서인지, 셰프 중에는 일반인보다 미각이 예민한 사람이 많아요. 미각이 출중하다고 요리사가 되는 건 아니지만, 요리사에게 미각이 출중한 건 큰 장점이죠.

플레이팅을 위한 미적 감각이 필수 조건일 필요는 없지만, 색약이나 색맹이라면 요리에 지장을 줄 수 있어요. 재료의 신선도를 파악할 때 미묘한 색의 차이를 파악하는 것이 중요하니까요.

셰프라는 직업에 가장 **자부심**을 느낄 때는 언제인가요?

사회 전반적으로 젊은 세대와 나이든 세대가 세대 차이로 인해 서로 어울리지 못하는 문제가 심각하잖아요. 그런데 요리사의 세계에서는 그렇지 않아요. 좋은 요리사가 되려면 젊은 요리사는 경력이 많은 선배 요리사에게 하나라도 더 노하우를 배워야 하기 때문에 항상 귀 기울여야 해요. 요리에서 경험만큼 좋은 공부는 없으니까요.

그리고 경력이 많은 요리사들은 요즘 어떤 문화가 유행하는지, 입맛이 어떻게 달라지고 있는지 알아야 하기 때문에 후배들의 이야기를 잘 들어야만 합니다. 물론, 아랫사람 의견을 무시하고 윗사람 이야기는 다 잔소리로 생각하는 사람들도 있겠지만, 좋은 요리사로 평가받는 사람이라면 잘 듣고 더 배우며 더 다가가려고 노력한 사람이라 해도 과언이 아닐 거예요. 음식 앞에서는 누구나 평등해요. 맛있는 건 맛있는 거고, 맛없는 건 맛없는 거예요.

저 역시도 함께 일하는 후배 요리사들에게 하나라도 더 알려주려고 노력합니다. 그리고 제 요리에 대한 의견도 적극적으로 묻고 귀 기울이지요. 세대간의 소통과 어울림이 발전을 가져온다는 점에서 요리사가 되기를 잘했다는 생각이 들고 보람을 느낍니다.

셰프님의 장기가 **프랑스 요리**라고 들었어요. 어떤 나라의 요리를 주로 할 것인지에 따라 **필요한 자질**도 다른가요?

요리사는 한식이든 양식이든 뭐든지 받아들이려는 자세를 가져야 해요. 하찮아 보이는 식재료에도 활용하고 응용할 것이 있는지 살펴보는 자세가 필요하다는 말이죠. 요즘은 한식, 일식, 중국, 이탈리아식, 프랑스식 등으로 분야를 명확히 나눌 수 없는 시대이고, 식재료가 세계화되었기 때문에 어떤 식재료로 어떻게 풀어내느냐가 중요해요. 어떤 음식을 하든 국적을 넘어서 다양한 요리를 선보일 수 있는 능력이 중요합니다.

" 조리사로 취업하기 "

Q1

어떤 과정을 거쳐야 호텔 조리사로 입사할 수 있나요?

2년제 대학 이상의 관련학과(호텔조리학과)에서 교육과정을 이수해야 하고 조리 기능사 자격증은 필수입니다. 요리 대회 입상 경력이 있으면 좋습니다. 호텔 조리사의 경우 외국인 조리사들도 함께 근무하는 경우가 많고, 외국인 대상의 서비스도 잦기 때문에 어느 정도의 외국어 회화 능력을 갖추고 있다면 입사에 유리합니다. 대개 1차 서류 심사, 2차 인터뷰(영어), 3차 면접을 거쳐 최종 합격 여부가 결정됩니다.

주방장의 경우, 경력과 실력을 갖춘 사람을 스카우트하는 경우가 많습니다. 실력과 경험을 꾸준히 쌓는다면 좋은 기회를 만날 수 있는 건, 당연한 일이겠지요.

조리사의 직급은 어떻게 되나요?

호텔 조리사 조직의 경우로 설명하겠습니다. 호텔 조리사의 직급은 보통 주방장(chef), 부주방장, 퍼스트 쿡(first cook 또는 head cook), 세컨드 쿡(second cook), 쿡 헬퍼(cook helper)로 이뤄져 있습니다.

주방장(셰프)은 주방 전체의 기능이 원활하게 운영되도록 조절하는 주방의 총지휘자이자, 책임자입니다. 인원관리, 매출관리, 행정, 시설유지 등을 맡습니다. 부주방장(수셰프)은 주방장을 보좌하고 현장에서 주방 인원을 감독하면서 주방장을 대행합니다.

퍼스트 쿡은 전문 조리사로 불리며 각 요리 파트의 조장으로서 실무에 능숙하고 업무 노하우를 가지고 있어, 부서원들을 이끌 수 있어야 합니다. 주방 운영의 중간 관리자라고 할 수 있습니다.

세컨드 쿡은 숙련 조리사로서 퍼스트 쿡을 보좌하며, 일반 조리 업무를 지도하고 조리의 중요 업무를 수행합니다.

마지막으로 쿡 헬퍼는 조리사 보조원으로 주방 청소 및 식품 조리준비과정을 담당합니다. 영양, 위생, 과학적 조리지식을 익혀나가는 수련생(견습생)이라 할 수 있습니다.

Q3

양식은 복잡해서 뭐가 뭔지 모르겠어요

양식은 크게 이탈리아식과 프랑스식으로 나뉩니다. 일반적으로 이탈리아 요리는 창의성이 강하고 프랑스 요리는 기술과 섬세함을 강조한다고 알려져 있습니다. 두 나라 모두 지리적 특성상 해산물과 농산물을 다양하게 활용할 수 있다는 점이 요리 발전에 큰 영향을 끼쳤습니다.

이탈리아 요리에는 해물 요리와 절임 요리가 많습니다. 또한 탄수화물을 주로 면으로 섭취하기 때문에, 파스타 요리가 발달했습니다. 또한 쌀을 이용한 리소토 요리도 발달하였습니다. 세계적으로 알려진 피자의 경우 이탈리아 요리이지만, 여러 토핑이 올라간 두꺼운 피자는 미국식으로 변형된 것입니다.

프랑스는 미식(美食)의 나라로 잘 알려져 있습니다. 다양한 요리를 코스로 구성하여 긴 시간 음미하며 맛보지요. '요리는 예술이다.'라는 말이 바로 프랑스에서 나온 말입니다. 거위의 간을 요리하는 '푸아그라'나 식용 달팽이를 요리하는 '에스카르고'도 프랑스 요리입니다. 고가의 버섯인 송로(松露, 바다에 인접한 소나무밭 모래 속에서만 자라는 버섯. 영어로는 트러플)를 이용한 요리도 프랑스 요리의 재료입니다. 각각의 요리에 맞게 섬세하게 개발한 소스, 요리에 맞는 와인 구성 등을 중시합니다.

Q4

TV에서 호텔 양식 요리 주방을 봤는데,
요리의 종류에 따라 파트가 나뉘어져 있었어요.
어떻게 구분되나요?

프랑스 요리를 기준으로 설명하자면, 통상 호텔의 프랑스 요리 주방은 세 부서로 나뉩니다. 차가운 요리를 하는 콜드 섹션(cold section), 뜨거운 요리를 하는 핫 섹션(hot section), 고기 등을 다루는 부처(butcher)입니다. 요리사의 업무는 이 섹션에 따라 구분됩니다.

콜드 섹션의 요리사는 애피타이저, 차가운 수프, 샐러드, 카나페 등 차가운 요리를 전담합니다. 핫 섹션의 요리사는 소스, 수프, 육수, 육류 요리, 생선 요리, 고명 등 뜨거운 요리를 전담합니다. 마지막으로 부처 파트의 요리사는 육류, 생선, 해산물 등 기본 식재료를 손질합니다.

그 밖에도 와인을 선별하는 소믈리에, 빵과 디저트를 구성하고 만드는 파티시에 등이 별도로 배치됩니다.

Q 5

오너 셰프(owner chef)와 비즈니스 셰프(business chef)는 일반 셰프와 어떻게 다른가요?

오너 셰프란 셰프가 레스토랑 사장을 겸할 때 가리키는 표현입니다. 자신이 주방장이자 운영자인 것이지요.

비즈니스 셰프(business chef)는 자기 이름을 브랜드화하여 다양한 사업에 진출한 사람들을 가리킵니다. 외국의 경우 피에르 가니에르, 장 조지, 고든 램지, 울프강 퍽 등이 비즈니스 셰프라고 할 수 있습니다. 이들은 레스토랑 외에도 식기와 조리 기구, 레토르트 식품 등에 자신의 이름을 붙여 만들어 사업화하기도 합니다.

우리나라에도 대중적인 인기를 끈 셰프들 중에 비즈니스 셰프로 나서는 경우가 종종 있습니다. 홈쇼핑에서 자신의 이름을 딴 브랜드를 붙인 음식을 판매하기도 하고, 조리 기구를 판매하는 등 활발한 활동을 하고 있습니다.

오너 셰프가 되다

셰프로서 **첫 번째 요리**를 한 것이 **언제**였는지 궁금합니다. 힘들게 유학 생활도 하셨던 만큼, 감회가 남다르셨을 것 같아요.

유학을 마치고 한국에 돌아와 식당을 위탁 운영하게 되었어요. 미국에서 공부할 때부터 부탁을 받았죠. 그 식당은 양식 전문식당은 아니어서 저의 첫 음식은 캐주얼한 것이었습니다. 줄라이 레스토랑에 와서야 파인 다이닝(고급 정찬 코스 요리)을 하게 되었어요. 셰프로서 본격적인 프랑스 요리를 선보인 셈이죠. 그때의 긴장감은 아직도 잊을 수가 없습니다. 내 인생이 새롭게 시작되는구나 하는 설렘도 컸고요.

줄라이 레스토랑의 **컨셉**은 뭔가요?

2007년에 '줄라이' 오픈을 준비하면서 가장 먼저 한 생각은 '특별한 날이나 기념하고 싶은 날에 들르고 싶은 레스토랑으로 만들자.'였어요. 그 콘셉트에 맞춰 실내 공간을 꾸미고 음식을 준비했죠. 줄라이는 특별한 날에 특별한 시간을 보내는 곳이기에 예약제로 운영합니다. 그래야 손님들에게 안정된 서비스와 최상의 요리를 제공할 수 있으니까요. 우리 땅에서 나는 제철 식재료로 음식을 만든다는 '시즌(season)＆로컬(local)'은 '줄라이'를 오픈할 때부터 고집해 온 원칙이에요.

저는 기술적인 면에서 프랑스 요리 기법에 바탕을 두고 있어요. 그렇지만 우리나라에서 나는 식재료를 많이 사용하죠. 물론 프랑스 요리니까 프랑스 식재료를 많이 사용할 수밖에 없지만, '줄라이'가 우리나라 레스토랑인 만큼 가장 신선한 상태로 쓸 수 있는 우리의 식재료로 만드는 프랑스 요리를 구상하려고 노력합니다. 제철 재료를 사용하여 다른 어느 곳에서도 먹기 어려운, 손은 많이 가지만 건강한 음식을 만들려고 해요. 또한, 많이 고민해서 만든 메뉴와 조리법이지만, 제 스타일을 강요하기보다는 손님이 더 즐겁게, 맛있게 드실 수 있도록 하려고 노력합니다.

요리사들의 꿈은 **자기 이름으로 된 식당**을 차리는 건데, **개업**이 그렇게 어려운 일인가요?

월급을 받는 요리사보다, 직접 자기 이름으로 식당을 차리는 오너 셰프가 되면 자기가 하고 싶은 요리로 마음껏 메뉴를 구성할 수 있기 마련이죠.

줄라이에서 서비스하고
있는 대표적인 요리들

위에서 부터

가리비 퀴노아 오징어
흰창(내장) 요리

달걀노른자 꽁피 파프리카
소스를 곁들인 생선 요리

한우 채끝등심 스테이크

멸치 다시마 에멀전을
곁들인 농어 턱살 요리

하지만, 거기에 따르는 책임과 노력도 정말 큽니다. 그래서 저 역시 현재는 오너 셰프지만, 창업하고 싶어 하는 후배들과 상담할 때 정말 진지하게 함께 고민하며 이야기를 나눠요. 요리에 집중하는 시간 외에 경영에 많은 노력을 기울여야 하기 때문에 쉽지 않습니다.

우리나라는 하루에 100개 정도의 식당이 개업을 하지만, 개업 후 2년이 지나면 그중 절반도 남지 않고, 5년 동안 유지되는 곳은 30%도 안 된다는 조사 결과를 봤습니다. 10년씩 이어지는 식당은 10%도 안 되고요. 요식업이 정말 쉽지 않아요. 너무 많은 사람이 자영업이나 식당 창업에 뛰어든다는 점도 문제일 테고, 그 밖에도 여러 문제가 있어요.

오세득 셰프님의 경우에는 **식당 경영**에 대해 따로 **공부**를 하셨나요?

경영에 대해 따로 배운 적은 없습니다. 셰프 일과 경영 일이 다른 분야라 동시에 두 가지를 다 해내기가 벅차지 않을까 싶지만, 장사가 잘 되면 경영은 저절로 돼요.(웃음) 하지만 누구나 식당을 차려서 이윤을 남길 수 있는 건 아니에요. 자신의 모든 걸 다 걸지 않으면 못해요. 식재료 구입부터 메뉴 개발과 연구, 생산, 판매까지 다 하는 곳이 식당이기 때문에 그 모든 걸 할 수 없다면 하지 않아야 해요. 연구·개발 능력이 없으면 생산된 것만 판매하는 프랜차이즈 식당을 운영하는 게 좋겠죠.

저 역시 경영에 어려움을 겪은 적이 있어요. 셰프로서는 유학하고 귀국한 후 쭉 나름 인정받을 만한 발걸음을 해왔는데, 경영이라는 건 아이디어나 노력만으로 되는 게 아니더라고요. 비싼 수험료를 내고 큰 경험을 했어요. 그 후 더 많이 공부하고 사람들을 만나며 의견을 듣고 받아들이면서 줄라이를 안정적으로 운영할 수 있게 됐고, '친밀'이라는 새로운 레스토랑도 시작할 수 있었습니다.

다른 인터뷰나 방송을 통해서도 언급되고는 했는데, **오세득 셰프**님의 레스토랑 **운영 철학**이 관심을 끌었어요.

아, 그런가요.(웃음) '주방 때문에 홀 직원이 욕먹게 하지 마라.'라는 게 제 운영 철학입니다. 제대로 만들지 못한 음식이 나가면 셰프가 아니라 홀에서 일하는 직원이 욕을 먹어요. 함께 일하는 요리사들에게 늘 이야기합니다. 홀에서 일하는 직원이 창피하지 않을 음식을 만들라고 말이죠. 손님과 직원은 다 존중받아야 해요. 잘못된 요리로 직원이 손님으로부터 지적받는 일이 없게 하는 게, 레스토랑을 운영하는 사람으로서, 또 한 명의 셰프로서 제 목표이고 지향점입니다.

저는 저희 매장의 직원들이 늘 손님 앞에서 당당한 모습이기를 바라요. 손님이 "왜 이 요리가 10만 원이냐?"고 물었을 때, "재료 가격이 이렇고 이렇고 조리하니까 10만 원입니다."라고 당당히 말할 수 있을 정도로 좋은 음식을 만들겠다는 다짐입니다. 그렇게 하면 손님 또한 음식을 먹으면서 자신이 치른 비용 이상의 서비스를 받았다, 행복한 추억을 얻었다고 생각하실 겁니다.

오세득 셰프의 지론은 '홀 직원이 손님에게 욕먹지 않는 요리를 만든다.'는 것이다. 또한 오너 셰프라면 직원을 믿고, 요리가 완성된 이후에는 매니저에게 홀 업무를 일임하여야 한다는 점을 강조하였다. 사진은 오세득 셰프와 함께 일하고 있는 각 파트의 직원들

영화를 보면 셰프가 **직접 서빙**하기도 하던데요, 오세득 셰프님도 그렇게 하나요?

그런 경우는 거의 없어요. 레스토랑에는 홀을 담당하는 매니저가 있고 음식을 나르는 직원이 있으니 셰프인 제가 그 일을 할 필요는 없습니다. 전 요리 전문가이지 서비스 전문가나 소믈리에는 아니잖아요? 이를테면 비행기의 기장이 손님에게 기내 서비스를 하지 않는 것과 같은 이치예요. 비행기 기장의 역할은 승객을 목적지까지 안전하게 모시는 거고, 셰프의 역할은 손님이 주문한 음식을 정성껏 만드는 거죠.

외국의 셰프들도 그렇게 하나요?

외국에서도 셰프는 꼭 필요한 경우에만 손님의 식사가 끝난 다음에 나와서 인사만 해요.
프랑스의 유명한 요리학교로 '폴 보퀴즈 요리학교(Institut Paul Bocuse)'가 있는데, 그 학교의 로고가 인상적이에요. 셰프, 손님, 매니저가 서로 어깨동무를 하고 있죠. 식당에

폴 보퀴즈 요리학교의 로고.

서는 손님과 매니저와 셰프가 동등한 관계라는 뜻이에요. 다시 말해 손님과 매니저와 셰프가 함께 만들어가는 곳이 식당이란 말이죠.

손님이 위주인 식당은 오래가지 못해요. 매니저나 셰프가 위주인 식당도 마찬가지죠. 모두가 만족할 수 있을 때 제대로 된 식당이 만들어진다고 생각합니다.

레스토랑에는 다양한 사람이 드나드는 만큼 **황당한 일**도 생기겠죠?

손님들 중에 "여기 주방장이 누구야?" 하고 큰소리치는 분이 간혹 있어요. 손님이 왕이라는 생각에 레스토랑에서 가장 높은 사람을 찾는 거죠. 그러나 레스토랑도 하나의 조직이니까 보고 체계가 있다는 점을 알아주었으면 좋겠어요. 먼저 매니저에게 잘못된 점과 불편한 점을 이야기해 주세요. 매니저가 그 이야기를 듣고 해결할 수 있으면 해결하고, 자기가 해결할 수 없으면 주방장에게 말합니다. 하지만 처음부터 주방장 나오라고 하면 홀을 책임진 매니저가 머쓱해질 수밖에 없겠죠.
휴대폰이 고장 났을 때 어떻게 하나요? 휴대폰을 만든 회사에 가서 대표 나오라고 큰소리를 치나요? 아니죠. 고객센터로 가잖아요. 레스토랑에서 문제가 생겼을 때 무조건 '사장 나와라, 주방장 나와라.'라고 하는 건 바람직한 태도가 아니에요. 물론 레스토랑을 책임진 사람은 손님이 불편을 느끼지 않게끔 요리와 서비스에 최선을 다해야 하죠.

파인 다이닝 레스토랑 '줄라이'
오픈 무렵에 찍은 사진

요리사로서 손님들에게 **가장 듣고 싶은 말**은 무엇인가요?

손님에게 듣고 싶은 가장 좋은 말은 역시 "맛있게 잘 먹었습니다."죠. 그런데 그런 말보다 더 기분 좋을 때가 있어요. 바로 방금 식사를 마친 손님이 다음 예약을 할 때예요. 말보다 행동으로 보여 주는 거니까요.

대놓고 음식에 대해 냉정하게 평가하는 손님들도 있어요. 예를 들면 "이번 음식은 좀 과했던 것 같아요. 이건 좀 안 어울리는 것 같아요."라는 뼈 있는 말을 하는 경우인데, 그러면서도 다시 저희 레스토랑을 찾아와 주실 때 고마움을 느껴요.

무엇보다 저의 다음 요리를 궁금해하고, 믿고, 그래서 다시 또 찾아주시는 분들을 만날 때면 요리사로서 뿌듯함을 느낍니다. 더 노력해야겠구나 하는 다짐도 하게 되고요.

04

나의 새로운 닉네임, 셰프테이너

셰프테이너라는 말이 생길 만큼, 요즘 셰프들의 **방송 진출**이 활발합니다. 오세득 셰프님도 그 **중심**에 계신데요, 너무 바빠서 쉴 시간도 없으시겠어요.

바쁘죠. 하지만 즐겁게 하고 있습니다. 저 역시 방송에서 셰프가 요리하는 모습을 보고 자극을 받았던 사람이기 때문에, 이런 기회가 온 걸 기꺼이 기쁜 마음으로 받아들이고 있어요.

방송을 시작하시게 된 **계기**가 특별하다고 들었어요.

우선 섭외가 왔기 때문에 한 것이고요.(웃음) 결정적이었던 건, 제가 재소자 교화에 관심이 많습니다. 죄를 저지르고 교도소에 가서 죄값을 치른 후, 그분들이 사회로 나오거든요. 제대로 자리 잡지 못하면 그분들도 주변 사람들도 함께 불행해져요. 하지만 아직 그분들을 위한 교육이나 프로그램들이 많이 부족한 게 현실입니다.

저는 그분들이 요리 교육을 제대로 받으면 출소한 후, 사회생활을 하면서 많은 도움이 될 거라는 믿음이 있어요. 요리를 하다 보면, 사람 무서운 걸 알게 돼요. 음식은 먹는 사람이 맛있다고 해야 의미가 있잖아요. 항상 다른 사람의 입장에서 생각하게 되는 게 바로 요리거든요. 그런 면에서 요리가 재소자 교화에 도움이 될 거라 확신합니다. 자격증을 따겠다는 의지가 생기고 그분들이 공부를 하게 된다면, 그분들에게 큰 힘이 될 거라 생각했어요. 그런데, 교도소 교화 교육을 하겠다고 신청했더니 제가 유명하지 않아서 안 된다는 거예요. 황당했죠. 그래서 방송 출연을 하게 됐어요. 재소자 교화는 저의 오랜 꿈이고 사명인데, 일단 유명해지려면 방송만한 게 없잖아요.(웃음)

꿈을 이루기 위해 방송을 하시는 거라 생각하니, 앞으로 방송에서 셰프님을 뵈면 달라 보일 것 같아요.(웃음)

방송을 통해 유명해진 뒤, **셰프님을 찾는 손님**도 많아졌을 텐데요.

네, 저로서는 참 고마운 일이지만, 가끔 이런 전화가 레스토랑으로 오곤 해요.
"예약하려고 하는데 그날 셰프 있어요?"

전화를 받은 매니저가 제 얼굴을 쳐다보죠. 그럼 저는 고개를 저어요. 셰프에 관해서는 모른다고 대답하라는 뜻이죠. 그런 전화를 받으면 셰프를 예약하려는 건지 음식을 예약하려는 건지 헷갈려요. 셰프를 예약하러 식당에 온다는 건 우스운 일이잖아요. 레스토랑은 저 개인을 위한 공간이 아니거든요. 제가 주방에 있고 없고를 떠나 자신만의 특별한 시간을 보내셨으면 좋겠습니다. 중요한 건 식당이 내놓은 음식이고 서비스니까 셰프에 대한 관심보다 식당에 대한 신뢰를 가져주셨으면 좋겠어요.

셰프님이 안 계셔서 맛이 다르다는 식으로 **불만을 제기하는 손님들**도 있을 것 같아요. 실제로 그런가요?

절대 그렇지 않습니다. 그러면 식당에 대한 신뢰가 떨어져요. 셰프가 있으나 없으나 레스토랑의 음식 맛은 한결같아야죠.
제가 있으면 음식이 더 맛있을 거라는 기분의 문제인 것 같아요. 줄라이는 한두 명의 요리사가 요리를 하는 개인 레스토랑이 아니기 때문에 가능한 한 맛에 차이가 생기지 않도록 레시피와 시스템이 갖춰져 있어요. 물론 미세한 차이가 있을 수 있지만, 늘 일정한 맛을 유지하려고 노력합니다.

셰프는 **업무 강도**가 높다고 들었어요. 그런데 지금 방송 활동까지 하시는 거잖아요. **힘들지 않으세요?**

일주일에 한 번 레스토랑이 쉬는 날에 녹화를 합니다. 한 번의 녹화 분량

리얼Real 셰프

을 2주에 걸쳐 방송하니까 2주마다 녹화하는 셈이죠.

크게 시간을 뺏긴다고는 생각을 안 해요. 저한테 방송은 쉬는 시간과 다름 없어요. 제가 계속 방송으로 활동할 사람도 아니잖아요. 방송을 위해 창의적인 아이디어를 내고 시간에 쫓기며 사람들에게 보여지는 요리를 하면서 발전하게 되고……. 오히려 재충전하고 있다는 생각이 들어요.

방송을 통해 얼굴이 많이 알려졌지만 부담스럽지는 않아요. 식당에서 알아보고 사인해 달라고 할 때 쑥스럽기는 하죠. 뭔가 자유롭지 못한 면도 분명히 있습니다. 머리 속으로 말과 행동을 조심해야겠다 다짐도 하고요. 제가 직설적인 편이고, 아재개그도 많이 하는데,(웃음) 그런 순간에도 한 번 더 생각하게 되는 게 불편할 때도 있지만, 장점이 더 많기 때문에 크게 신경 쓰지 않고 있어요.

요리사로서 **유명해질 거라는 생각**을 하지는 않았었나요?

전 그냥 평범한 사람이에요. 방송을 하면서도 방송인이나 연예인이 되었다고 생각하지는 않아요. 셰프니까 본업에 충실하게 요리를 하는 것뿐이라고 여기죠. 제가 방송의 영향력을 잘 몰랐던 것 같아요.(웃음) 요리사가 이렇게 관심을 끌고 사회적 지위가 올라갈 줄은 몰랐거든요.

유명해진 만큼 부작용도 있어요. 같은 업종에 있는 사람들끼리 서로 시기하는 경우가 생긴 거죠. '저 셰프는 요리는 하지 않고 방송만 하냐?'는 반응이라고 할까요? 재방송을 많이 하는 탓에 오해 아닌 오해를 많이 받고 있어요.

하루 일과를 끝내고 레스토랑에
남아 메뉴 구성을 하고 있는
오세득 셰프

리얼Real 셰프

부정적으로 바라보는 사람들과 대화를 나누실 때도 있을 텐데 뭐라고 이야기해 주시나요?

방송에 나오는 셰프들 대부분이 요리사로서 10년 이상씩 일해 온 사람들이기 때문에 대놓고 뭐라고 하는 사람은 많지 않아요. 저는 실력이 있으니 활약을 하는 거라고 생각하거든요.
어떤 때는 대놓고 "방송하는 게 왜? 너도 방송 해!"라고 말하기도 해요.(웃음) 다들 자신의 일에 최선을 다하며 쉬는 시간을 쪼개서 하는 거지, 본업에 방해가 되면 안 하죠.

방송을 하게 되어서 **가장 좋은 점**은 무엇일까요?

다른 무엇보다, 좋은 사람들을 많이 알게 된 것이 가장 좋은 점이 아닐까해요. 사실 이런 기회가 아니고서는 다양한 분야에서 일하는 셰프들이 모두 모이고, 서로의 노하우를 나누며, 친목을 도모할 수 있는 기회가 거의 없습니다. 저보다 어린 후배 셰프부터 선배 셰프까지, 일식, 한식, 중식, 양식 등 다양한 음식을 하는 사람들을 만나 친해지고 대화하고 서로의 고민도 나눌 수 있었던 것이 저에게는 방송을 하면서 가장 좋았던 점이 아닐까 합니다.

방송을 통해 **셰프**에 대한 **관심이 높아진 점**을 어떻게 생각하세요?

이제야 제대로 대접을 받는다는 생각이 들어요. 요리사라는 직업이 힘든 이유 중에 하나가 휴일과 기념일을 즐길 수 없다는 거예요. 크리스마스나 연말연시에도 요리사는 다른 사람들의 즐거움과 기쁨을 위해 일을 해야만 해요. 저도 가족들과 멋진 크리스마스를 보내고 싶지만 어쩔 수 없죠. 요리 사는 남들이 밥 먹는 시간에 일하는 사람이잖아요. 사람들이 보통 저녁에 친구들과 약속을 잡고 만나지만, 요리사로 일하는 한 그것도 불가능해요. 어쩌다 쉬는 날 힘들게 시간을 내서 맞추지 않는 한 말이죠. 어찌 보면 셰프는 누군가의 행복한 시간을 위해 희생하는 사람이라고 할 수 있어요. 그런 점에서 존중받아야 한다고 생각하고요.

그런데 셰프에 대한 관심이 높아지다 보니, 일의 가치나 힘든 점, 보람된 점 이 아닌 셰프의 근무조건이나 수입에만 관심을 갖는 사람들이 있습니다. 그런 식의 관심이라면 바람직하지 않죠. 셰프가 어떤 직업인지 제대로 생각하고 평가해 주면 좋겠습니다.

요리 방송이 이렇게까지 **인기**를 끌게 된 **이유**가 뭘까요?

프로그램마다 성격이 다르니까 각각의 장점이 있겠지만, 요리 방송은 절대 평가가 없다는 게 매력이 아닐까 해요. 언제부터인지 우리는 남을 딛고 일 어서야 성공한다고 믿고 있어요. 더불어 사는 세상이라고 하지만 실제로는 경쟁과 순위에 집착하죠. 요리 방송도 마찬가지로 대결하고 등수를 매기고 그 긴장감 속에 승부욕을 자극하는 구도이기는 해요. 하지만 재미있는 건, 요리는 스포츠와 달라서 내가 보기에 더 맛있어 보이는 음식이 낮은 등수가 되기도 하고, 애매한 것 같던 요리가 1등을 하기도 합니다. 평가하는 사람의 입맛에 따라 지극히 주관적이니까요. 그리고 1등이든 아니든 함께 맛보는 그 과정을 즐기지요.

15분 만에 만든 음식으로 승부에서 졌다고 해도, 그게 그 셰프의 절대적인 실력이 아니니까 저희 역시 부담이 크지 않아요. 하는 사람도 부담이 없고, 먹는 사람은 행복하고, 바라보는 사람도 그 즐거운 느낌을 함께 공유하게 되니까, 그래서 요리 방송이 인기를 끄는 게 아닐까 합니다.

또 하나, 저희가 요리를 하면서 알려드리는 팁들을 바로 적용할 수 있는 것도 매력일 거라 생각합니다. 방송으로 본 것이 생활 속에서 바로 활용할 수 있는 거니까, 더 친밀하게 느끼시는 것 같아요.

요리 방송은 시청자 참여가 높아요. 방송을 따라서 요리를 만들어 본 분들의 피드백, 과정, 플레이팅, 농담까지 모두 시청자 여러분이 의견을 주시죠. 어찌 보면 함께 요리를 하고 있는 게 아닐까 해요. 그런 즐거움 참여와 공유가 요리 방송의 맛을 살려 주는 것 같아요.

발로 뛰는 셰프,
오세득

평소에 고민을 상담하는 멘토가 있나요?

저는 고민을 혼자 해결하는 편이에요.

예전에 어머니가 이런 말씀을 하셨어요. "아들아, 사흘을 고민해서 답이 없으면 정말 답이 없는 거다." 사흘을 혼자 고민하고 주변 사람들에게 물어서 조언을 구했어도 답이 없다면 없는 거라는 말씀이죠. 만약 사흘 뒤에 답이 생각났다면 그 답이 진짜 옳은 답일까요? 오래 고민해서 답이 나온 거라 생각할 수도 있지만, 반대로 오래 고민해도 답이 없다 보니 억지로 임시방편일 뿐인 답을 내린 것일 수도 있거든요. 어머니는 또 이런 말씀도 하셨어요. "결국 시간이 해결해 주는 건데, 그 시간은 바로 너다." 시간이 고민을 해결해 주는 것이 아니라 자신이 해결해야 한다는 의미죠. 맞아요. 시간이 지나면 어차피 남이 아닌 내가 해야 해요. 그래서 남에게 제 고민을 잘 털어놓지 않으려고 해요. 남에게 부담을 주고 싶지 않으니까요.

몸과 마음의 **건강**을 **유지**하기 위해 특별히 하는 **운동**이 있나요?

일주일에 두세 번 정도 헬스장에 가서 뛰어야겠다고 마음먹지만 쉽게 되지 않아요. 시간이 좀처럼 나지 않아서요. 방송 출연을 하니까 매니지먼트사에서 관리해 주지 않느냐고 묻는 분도 계신데, 연예인처럼 소속된 매니지먼트사가 아니니 그런 건 하지 않아요. 건강을 유지하기 위해 꾸준히 잘 먹고 있죠.(웃음)

일 때문에 **피로**와 **스트레스**가 쌓이면 어떻게 푸나요?

다행히 저는 스트레스를 잘 받지 않는 편이에요. 스트레스를 받는다고 해도 시간이 알아서 해결해 준다고 생각해서 내버려두는 편이죠. 제가 생각하는 스트레스는 이런 거예요. 나에 대한 사람들의 기대치가 중압감으로 느껴지는 것. 하지만 사람은 100퍼센트 완벽할 수 없고 모든 걸 잘할 수 없잖아요. 못하는 것은 못한다고 인정하고, 안 되는 것은 안 된다고 인정해야 스트레스가 쌓이지 않죠.

자리가 사람을 만들고 능력을 만든다고 하는데, 결국 자리가 그 사람에게 스트레스를 줘요. 미슐랭 스타 세 개까지 받은 식당을 운영하던 외국의 어떤 유명한 셰프가 자신의 식당이 미슐랭 스타 두 개로 강등될 거란 소식을 듣고 자살을 한 일이 있었어요. 성공에 대한 중압감이 극단적인 선택을 하게 만든 거죠. 그까짓 스타 세 개가 뭐라고 말이에요.

친한 동료인 최현석 셰프는 기타치고 노래 부르면서 스트레스를 풀더라고요. 저는 여행을 다니거나 식재료를 구하러 다니면서 기분 전환을 해요.

셰프들은 주말처럼 남들이 쉬는 날 더 바쁘니까, 제대로 쉬지를 못하시는 것 같더라고요. 오세득 셰프님은 **쉬는 날 어떻게 시간을 보내세요?**

저는 쉬는 날이면 전국을 돌아다니려고 해요. 줄라이에서 제가 하는 요리는 정통 프랑스 요리인데, 저는 제 요리에 한국의 맛을 입히는 걸 좋아해요. 땅끝마을부터 구석구석 다니다 보니 산지에서 나는 식자재를 직접 배송받을 수 있어요. 횡성 더덕, 예산 사과, 완주 생강, 진주 우엉, 가평 잣 등등. 우리 땅에서 나는 신선한 재료로 프랑스 요리의 매력을 살려내는 데서 큰 보람을 느껴요. 손님들의 반응도 당연히 좋을 수밖에 없고요. 양고기 스테이크에 씁쓸하고 향긋한 우리나라의 산나물을 함께 올리고, 횡성 더덕과 완주 생강으로 만든 아이스크림을 디저트로 내면, 손님들이 요리의 의외성에 놀라고 맛에 감탄하시죠. 그럴 때 진짜 요리하는 맛이 나요.(웃음)
저는 요리가 어느 나라 요리인지, 어느 시대의 요리인지는 중요하다고 생각하지 않아요. 오세득이 만든 요리, 그래서 창의적이고 맛있는 요리인 게 중요하죠. 줄라이를 오픈할 때부터 시간이 날 때마다 돌아다녔는데, 항상 새로운 자극, 새로운 식재료, 새로운 조리법이 떠올라서 포기할 수가 없어요.

오세득 셰프는 고기를 직접 정형한다. 고기 숙성도 매장에서 직접 진행한다. 사진은 함께 일하는 셰프들에게 고기 정형 교육을 하고 있는 오세득 셰프

" 궁금한 요리 이야기 "

Q1

최초의 요리책이 궁금해요! 인류 최초의 요리책은 무엇인가요?

역사적 기록물들을 살펴볼 때, 지금까지 확인된 최초의 요리책은 1세기경 로마에서 쓰여진 것으로 추정됩니다. 책의 제목은 〈요리에 대하여〉인데, 아피시우스(Apicius)가 쓴 걸로 되어 있습니다. 그러나 아피시우스라는 이름 자체가 '미식가'란 뜻이어서 실존 인물이 아니라는 주장도 있습니다. 여러 레시피를 모아 편찬한 이 책은 총 10장으로 구성되어 있고, 그 일부가 오늘날까지 전해집니다. 아피시우스의 레시피를 보면 로마인들이 고기와 소스를 좋아했음을 알 수 있습니다.

Q2

인쇄된 요리책은 언제 처음 나왔나요?

1465년 이탈리아에 처음 인쇄기가 들어온 후, 1474년에 〈정직한 탐닉과 건강에 대해서〉라는 책이 로마에서 인쇄되었습니다. 의학 안내서와 생활 지침서의 내용이 함께 담긴 이 책에는 요리법도 들어 있어 최초의 인쇄된 요리책이라고 할 수 있습니다.

책을 쓴 사람은 바르톨로메오 플라티나인데, 이 책에 소개한 요리법의 대부분은 북부 이탈리아 추기경의 요리사인 마르티노의 레시피였습니다. 15세기 초에 마르티노가 정리한 250개의 요리법을 플라티나가 그대로 가져온 것이죠. 이 책은 1487년에 이탈리아어로, 1505년에 프랑스어로, 1967년에 영어로 번역되었습니다.

Q3

최초의 텔레비전 요리 프로그램은?

1963년부터 1973년까지 미국 매사추세츠 보스턴의 공영 방송인 WGBH에서 'The French Chef'라는 요리 방송이 전파를 탔습니다. 줄리아 차일드(Julia Child)가 진행한 원조 쿡방이었습니다. 줄리아 차일드는 프랑스 음식만을 고집하며 누구나 따라 하기 쉬운 가정식 요리법을 가르쳤습니다.

그는 "집밥은 완벽할 수 없지만, 실패작은 없다."는 말을 남겼습니다.

"요리의 비밀이자 기쁨 중 하나는 망친 요리를 수정하는 법을 배우는 거예요."

"절대 식탁 앞에서 요리를 망쳤다고 말하지 마세요. 요리할 때는 '뭐, 어때?'라는 마음가짐이 필수죠."

줄리아 차일드는 이런 말들을 통해 요리사를 넘어서 심리 상담가와 같은 면모를 보여 주었습니다.

그가 진행한 'The French Chef'는 'One of the first cooking shows on American Television(미국 텔레비전 방송의 첫 번째 요리 프로그램)'이라 불릴 정도로 기념비적인 방송이었습니다.

요리사가 하얀 유니폼을 입은 것은 언제부터일까요?

'프랑스 요리의 건축가'로 불리는 앙투앙 카렘(Antonin Careme)은 19세기 초에 프랑스에서 가장 뛰어난 요리사였습니다. 그가 활동하던 시기에 '셰프 드 퀴진(chef de cuisine, 주방의 우두머리)'의 줄임말로 '셰프(chef)'가 사용되기 시작했습니다. 그러면서 요리사에게도 각종 직책의 명칭이 도입되고, 다른 직업과 구분하기 위해 프랑스 육군의 군복을 본뜬 유니폼을 입게 되었습니다.

요리사의 유니폼은 요리사를 요리에서 보호하고, 요리사에게서 요리를 보호합니다. 긴 소매, 긴 바지, 두 겹으로 된 상의는 음식물을 쏟거나 엎질렀을 때 화상을 입지 않도록 막아 줍니다. 목에 두른 작은 손수건은 땀이 음식에 떨어지는 것을 막아 줍니다. 그 밖에 긴 소매도 땀이 음식에 떨어지는 것을 막기 위한 용도입니다.

길고 하얀 모자는 머리카락이 흘러내리지 않게 하며, 복잡한 주방에서 누가 책임자인지 쉽게 알아볼 수 있도록 해 줍니다. 앙투앙 카렘 이전의 주방장 모자는 헐렁헐렁한 것이었는데, 카렘은 모자를 세우기 위해 속에 딱딱한 종이를 넣기 시작했습니다.

셰프의 긴 모자에는 주름이 100개 있는데, 이는 '훌륭한 요리사라면 달걀 요리법을 100개는 알고 있어야 한다.'라는 의미라고 합니다.

파인 다이닝(fine dining)에 대해
좀 더 알고 싶어요

'훌륭하다.'는 뜻의 'fine'과 '정찬'이란 뜻의 'dining'이 합쳐진 말입니다. 패스트푸드점, 패밀리 레스토랑, 캐주얼 다이닝의 식사보다 고급스럽다는 개념입니다. 신선한 재료와 최고급 요리뿐 아니라 셰프의 기술과 정성, 거기에 레스토랑의 서비스까지 더해진 요리입니다. 풀코스 요리나 메인 요리에 에피타이저와 사이드 디시를 곁들이고, 거기에 와인 리스트를 갖추면 파인 다이닝이라 할 수 있습니다.

프랑스식 파인 다이닝을 편안하게 즐기려면 몇 가지 기본 용어를 알아두면 좋습니다.

'알 라 카르트(A La Carte)'는 레스토랑이 그날 준비한 메뉴의 종류와 재료, 가격, 나오는 순서 등을 설명해 놓은 것입니다. 알 라 카르트 자체가 메뉴를 의미하기도 하지만, 정식 코스 요리를 지칭하는 말로 널리 쓰입니다. 알 라 카르트는 정식 코스로 셰프가 가장 자신 있게 추천하는, 제철에 나는 요리들로 구성되어 있습니다. 다른 메뉴와 달리 하나하나 가격이 매겨져 있지 않고 표시되어 있는 가격만으로 코스에 나오는 모든 요리를 먹는 것을 의미합니다.

알 라 카르트를 주문했을 때 맨 처음 나오는 '아무즈 부시(Amuse-Bouche)'는 에피타이저 전에 나오는 음식입니다. 입맛을 돋우는 요리로 이후 나올 음식과의 어울림을 고려한 한두 입 정도의 소량이 제공됩니다.

'팰러트 클렌저(Palate Cleanser)'는 앞에 먹은 요리의 영향을 받지 않도록 입 안을 헹궈주는 디저트라고 보면 됩니다.

'카르파쵸(Carpaccio)'는 슬라이스한 생고기 혹은 해산물을 의미합니다. 생소고기나 연어 등이 자주 사용됩니다.

'콩소메(Consomme)'는 맑은 수프입니다. 기름을 완전히 제거한 육수에 커스터드 크림 등을 얹기도 합니다.

그 밖에 세트 메뉴를 뜻하는 '프리 픽스(Prix Fixe)'도 일정한 가격에 식사

단계별로 원하는 메뉴를 골라서 먹을 수 있다는 점에서 알 라 카르트와 비슷합니다.

전 세계 레스토랑을 평가한다는 〈미슐랭 가이드〉란 뭔가요?

〈미슐랭 가이드(Guide Michelin)〉는 세계적인 레스토랑 평가 안내서입니다. 타이어를 만드는 회사인 미슐랭(영어 이름 '미쉐린')에서 고객에게 무료로 나뉘주던 안내책자 〈레드 가이드〉(1900년)에서 출발했습니다. 운전자들에게 필요한 여러 식당과 숙소에 관련된 정보를 담아 무료로 배포하던 것에서 시작되었습니다. 1922년부터 유료로 판매되었고 이 시기에 엄격한 평가를 바탕으로 하여 신뢰할 수 있는 레스토랑 정보를 본격적으로 선보였습니다. 그리하여 오늘날까지 미식가들의 바이블로 일컬어지고 있습니다.

〈미슐랭 가이드〉는 책의 앞머리에 간단한 여행 정보, 레스토랑 선택과 관련한 조언을 싣고 레스토랑과 호텔에 대한 평가를 주로 다룹니다. 손님으로 가장한 전문요원이 동일한 레스토랑을 대여섯 차례 방문하여 음식의 맛을 보고 평가합니다. 평가가 끝나면 '미슐랭 스타(Michelin stars)'라고 하는 별의 숫자로 등급을 매깁니다. 최고의 레스토랑에 붙는 별은 모두 세 개입니다. 90여 개 국에서 연간 1,700만 부가 판매되는데, 서울 편이 미슐랭의 28번째 가이드북으로 2016년 11월에 첫 출간을 하였습니다.

우리나라에는 〈블루리본 서베이〉라는 레스토랑 가이드북이 있습니다. 〈블루리본 서베이 서울 편〉은 2005년 11월, 〈서울의 레스토랑 2006〉으로 첫 판이 나왔으며, 〈블루리본 서베이 전국 편〉은 2006년 7월, 〈전국의 레스토랑 2006/07〉로 첫 판이 나왔습니다.

2016년 기준으로, 서울에서 블루리본 3개를 받은 맛집은 18곳, 서울을 제외한 지역에는 1곳이 있습니다.

chapter
4

세상을
맛있게
변화시키는
요리사

혼자가 아닌 여럿이
함께 즐기는 직업

요리의 매력이 무엇이라고 생각하나요?

요리의 좋은 점은 '함께 맛보고 이야기할 수 있다.'는 거예요. 우리나라 사람들의 경우 양식보다 한식을 자주 먹으니까 그만큼 평가도 많이 해요. 그래서 한식에 관해서는 누구나 요리 평론가가 될 수 있어요. 함께 평가하고 공감할 수 있는 것이 바로 요리죠. 요리사가 만든 음식의 맛을 손님이 정확히 알아주면 음식으로 서로 소통하는 거잖아요. 굳이 설명하지 않아도 느낌으로 이야기가 오가는 셈이죠.

또 다른 매력은 '혼자가 아니라 함께 한다.'라는 겁니다. 하나의 요리가 만들어지려면 식재료를 생산하는 농부가 있어야 하고, 그 식재료를 납품하는 판매자가 있어야 하고, 만든 요리를 소비해 주는 고객이 있어야 하잖아요. 식당도 셰프의 능력만으로 운영될 수 없어요. 함께하는 직원들과 늘 대화하고 토론하면서 더 나은 방향으로 나아가야 하죠. 함께하는 사람이 없는 요리는 무의미하다고 봅니다.

신메뉴 개발, 서비스 개선 등 논의해야 할 사항이 있으면 직원들이 모여 함께 의논한다.

요리를 **'식탁 위의 예술'**이라고 극찬하기도 하는데, 어떤 면에서 그럴까요?

요리가 사람의 감각을 일깨우기 때문이 아닐까 합니다. 음식의 경우 시각, 청각, 촉각, 미각, 후각의 오감을 모두 자극합니다. 먼저 음식이 내 앞에 놓였을 때 눈(시각)으로 감상하죠. 보고 있노라면 맛있는 냄새가 코를 자극해요.(후각) 얼른 음식을 입안으로 넣고 싶어지죠. 혀로 맛을 보면서(미각) 씹는 소리를 들어요.(청각) 부드러움, 딱딱함, 말랑말랑함, 쫄깃함, 아삭함, 질김 등이 모두 입안에서 느껴지고요.(촉각)

또다른 이유는 요리를 통해 감동을 받기 때문이라고 생각해요. 모든 예술에 감동이 있는 것처럼 훌륭한 요리를 먹으면 진한 감동을 느끼죠. 요리사에 대해 감사한 마음이 들고 마음뿐 아니라 몸도 감동하는 걸 느낄 수 있어요. 좋은 음식만큼 좋은 약이 없다고 하잖아요. 좋은 음식은 몸을 건강하게 하죠. 그래서 요리는 종합예술이라 생각합니다.

요리에는 다른 예술 분야와 통하는 부분이 있어요. 저 같은 경우 고기가 지글거리며 구워지는 소리가 음악처럼 들리거든요. '치익-' 소리가 날 때 '아, 이쯤에서 뒤집어야 하는구나.'라고 느끼죠. 음악에서 클라이맥스를 느끼는 것과 같다고 할까요.

⁶⁶새롭게 주목 받는 요리법들⁹⁹

요리는 시대를 반영하는 거울입니다. 최근 시대적 트렌드를 안고 우리나라에서도 관심을 끌고 있는 새로운 방식의 요리들을 소개합니다.

1. 분자요리(Molecular Cuisine)

분자요리란 음식의 질감이나 요리 과정을 과학적으로 분석하고 변형하여 새로운 형태의 음식을 창조하는 것을 뜻합니다. 음식을 분자 단위까지 철저하게 연구하고 분석해서 만든다고 해서 붙여진 이름이기도 하고, 실제로 음식의 분자(分子) 구조를 변화시키기도 하므로 이런 이름을 붙였습니다.

분자요리의 기본은 과학입니다. 조리하는 온도와 방법에 따라 재료의 분자들은 배열이 달라지면서 맛과 향, 질감이 달라집니다. 이를 이용하여 완전히 새로운 형태의 요리를 만들 수 있습니다. 가령, 사과 원액에 해조류의 끈적끈적한 물질인 '알긴산'을 넣어 섞은 것을 주사기에 넣어 염화칼슘 수용액에 한 방울씩 떨어뜨리면 철갑상어의 알인 캐비어와 비슷한 형태의 질감과 모양이 됩니다. 이것을 가늘고 길게 죽 짜면 면발 형태가 됩니다. 젤리를 만들 때 사용하는 젤라틴을 이용하여 우유 거품으로 인절미와 같은 형태의 음식을 만들 수도 있습니다.

분자요리를 활용하여 과일즙으로 철갑상어알인 캐비어와 같은 모양과 식감을, 과일즙으로 면발 형태를 만들었다.

2. 할랄 푸드(Halal Food)

'할랄 푸드'란 이슬람 율법에 따라 생산, 처리, 가공되어 무슬림들이 먹거나 사용할 수 있는 식품을 말합니다. '하람 푸드(Haram Food)'라는 것도 있습니다. 이는 무슬림에게 금지된 식품을 뜻합니다. 할랄 푸드는 원재료의 안전성과 위생에 대한 조건이 까다롭기 때문에 무슬림이 아닌 사람들에게도 '할랄 푸드'가 좋은 먹거리라는 인식이 생기면서 전 세계적으로 관심을 끌고 있습니다.

할랄 푸드의 시장 규모는 2016년 현재 전 세계적으로 1,800조 원에 이르는데, 이는 전 세계 식품시장의 약 20%에 달하는 것이라고 합니다. 2019년에는 2,744조 원까지 시장 규모가 급성장할 것으로 전망됩니다.

우리나라에서도 많은 대기업들이 할랄 푸드 시장 진출을 준비하고 있고, 국가적 차원에서 '할랄 푸드 테마파크'를 조성하는 것도 검토하고 있다고 합니다.

· **할랄 푸드**

우유, 벌꿀, 생선, 알코올 성분이 없는 식물, 할랄에서 규정한 방법으로 도축된 육류, 돼지나 알코올 성분이 없는 가공식품

· **하람 푸드**

돼지, 알코올, 할랄에서 규정한 방법으로 도축하지 않은 육류, 동물의 피로 만든 음식

©ChameleonsEye / Shutterstock.com

할랄 푸드를 판매하는 곳들은
간판이나 로고 등에 반드시
'HALAL FOOD'라고 표기한다.

3. 곤충을 이용한 음식, 곤충 식량

식량 문제를 다루는 국제 민간단체 '글로벌 하베스트 이니셔티브(GHI: Global Harvest Initiative)'는 2050년이 되면 전 세계가 심각한 식량 부족에 시달리게 될 것이라고 경고했습니다. 전 세계 토지의 30%가 가축 사육에 쓰이고, 농지의 70%가 가축의 사료 재배에 쓰이며, 온실 가스의 18%가 축산업으로 인해 발생한다며 지금과 같은 식량 구조는 지구를 위험하게 한다고 했습니다.

식품 생산의 불균형에 대한 해결책으로 대두된 것이 바로 곤충 식량입니다. 번식력이 강하고 온실 가스 배출이 적으며 총 몸무게의 약 50%에 달하는 단백질 함량이 바로 곤충 식량의 특징이자 장점입니다.

우리나라에서는 2010년 처음 곤충산업육성법을 제정하였습니다. 식품의약품안전처에서는 갈색저거리 애벌레(밀웜), 흰점박이꽃무지 애벌레 등을 식품 원료로 인정하였습니다. 농림축산식품부와 농촌진흥청에서는 귀뚜라미와 장수풍뎅이의 식용화 연구를 진행하고 있습니다.

곤충 식량은 대중적인 인식의 한계로 아직 많이 성장하진 못하고 있습니다. 하지만 뉴욕에는 귀뚜라미를 갈아서 만든 패티로 만든 햄버거집이 인기를 끌고 있고, 우리나라에도 곤충 식량을 만들어 파는 식당이 성업중입니다.

식용 곤충으로 주목받고 있는 밀웜(오른쪽)과 곤충을 활용한 요리(아래).

4. 수비드(저온진공) 요리법

수비드 요리법은 저온진공 요리법이라고도 합니다. 진공 포장한 식재료를 59~75℃ 내외의 끓지 않는 물에 넣어 짧게는 1시간, 길게는 하루 이상 장시간 익히는 요리법입니다. 재료를 고온에서 익힐 경우 영양소 파괴가 일어나기 쉽지만, 수비드 요리법을 이용하면 영양소의 손실이 없다는 것이 큰 장점입니다. 또한, 진공상태에서 익히기 때문에 저온살균 효과가 있어 음식을 오래 보관할 수 있습니다.

수비드 요리법으로 만든 육류 요리는 육즙이 흘러나가지 않아 식감이 부드럽고 고기 자체의 맛을 끌어올려줍니다. 직화에서 구운 육류의 경우 발암 물질이 생기기 때문에 건강에 위험할 수 있지만, 수비드 요리법을 이용하면 건강하게 육류를 즐길 수 있습니다.

이 요리법이 주목받으면서 최근에는 일정 온도로 물 온도를 유지해 주는 수비드 조리기를 사용하는 음식점도 늘고 있습니다.

진공팩에 담은 소고기를 수비드 요리법으로 익히고 있는 모습

셰프가 될
너희들에게

다시 **10대**로 돌아가 요리사가 되기를 꿈꾼다면 **어떤 것들을 준비**하고 싶은가요?

외국어를 좀 더 많이 공부해 두었으면 좋지 않을까 해요. 외국 음식과 문화에 대한 경험도 일찍부터 하고 싶고요. 요리 분야에서는 지금 하고 있는 양식보다 한식을 먼저 배우고 싶습니다. 한식이 양식보다 좋아서가 아니라 우리 음식을 먼저 알아야 다른 나라의 음식을 우리 입맛에 맞게 발전시킬 수 있기 때문이죠.

제빵과 디저트 쪽을 좀 더 배우는 것도 좋을 듯합니다. 좀 더 광범위하게, 다양한 분야에 관심을 두고 접근했다면 좋았을 텐데 하는 아쉬움이 남더라고요. 나름 한식부터 양식, 중식 등 분야를 넘나들며 하나라도 더 배우고 익히려 노력했지만, 그래도 아쉬울 때가 종종 있습니다.

바빠서 제때 정리를 못했던 아이디어 노트도 빠뜨리지 않고 더 꼼꼼히 정리하고 싶어요. 유학 시절 때부터 스크랩북을 정리했는데, 최근에는 조금 소홀했어요. 그런 것들이 다 셰프의 자산인데 말이죠. 셰프를 처음 준비할 때부터 자료를 철저히 관리하라고 꼭 말하고 싶습니다.

대학의 조리학과에 진학하려는 학생들을 위해서 **조언**을 해 준다면요?

우리나라 대학에는 조리학과가 참 많아요. 한 해에 졸업생이 3만 명이나 되죠. 같이 활동하는 세대를 10년 단위로 잡으면 30만 명쯤 되는 건데, 그 가운데 30명 정도만이 이름이 알려진 요리사가 된다고 보면 돼요. 요리사로서 취업할 일자리는 많은 편이지만, 잘 벌고 잘 되는 요리사는 적습니다. 현재 방송에 나오는 셰프들이 얼마나 되나요? 30명도 안 돼요.

어떠한 직업이든 신중하게 고민해야겠지만, 장점만큼 힘든 점도 적지 않은 직업이기에 신중하라고 하고 싶어요. 한 가지 덧붙인다면, 사람들과 함께 나누고 공유하려는 마음가짐을 가지라는 것입니다. 남이 맛있게 먹는 모습을 보기 위해 나를 희생할 생각이 없다면 요리 일은 그저 육체적으로 힘든 일일 수도 있어요. 행복한 요리사의 모습을 스스로 정립했으면 좋겠습니다.

셰프가 되고 싶은 **청소년들**에게 **꼭 필요한 한마디**, 부탁드려도 될까요?

요리를 배우는 청소년들이 저에게 다가와 고민을 이야기하곤 하는데요, 저는 셰프를 직업으로 선택하는 청소년들에게는 꼭 두 가지를 물어봅니다.

'얼마나 오랫동안 요리사로 일하고 싶나요?', '어떤 삶을 살고 싶나요?'

요즘 셰프들 사이의 걱정은 우리가 너무 갑자기 인기가 높아졌다는 거예요. 셰프들끼리 열심히 해서 대중이 관심을 갖게 된 것이 아니라 방송의 영향력 때문이라는 이야기죠. 예전처럼 다시 요리사가 관심을 받지 못하게 될 수 있다는 걱정이 있어요. 방송은 트렌드를 중시하니까 쿡방의 인기도 언젠가는 꺾이지 않겠어요?

게다가 우리나라에서는 양식 요리가 생긴 지 얼마 되지 않아요. 아직은 중식처럼 계보도 없고, 끌어주고 밀어주는 선후배 관계도 약합니다. 제대로 자리 잡히지 않은 상태에서 많은 후배들이 요리계로 뛰어들고 있어요. 대부분은 식당을 직장으로만 생각하는데, 그런 자세로는 절대 식당을 직장으로 잡기도, 식당을 차리기도 쉽지 않아요. 그래서 정말 이 악물고 끝까지 해볼 자신이 있는지 자문해 보라고 말합니다. 이것 아니면 안 된다는 의지와 요리사라는 직업에 대한 간절함을 가지라고 강조해요. 최선을 다하고 있다면 어느 순간 생각보다 더 큰 기회가 자신에게 다가와 있을 거예요. 결심했다면, 장인의 각오로 어떤 힘든 상황에도 포기하지 말고 자신만의 전공분야를 스스로 개척하며 연구하고 몰입하라고 말해 주고 싶습니다.

03

셰프 오세득의
꿈

셰프를 한마디로 **정의**한다면 뭐라고 하시겠어요?

한때는 셰프를 '스나이퍼'라고 생각했어요. 손님을 단번에 만족시키지 못하면 불만사항이 들어오고, 그러면 식당은 바로 위기를 맞을 수밖에 없어요. 그래서 손님을 한 번에 명중시키는 저격수로 비유했죠.

그런데 최근에는 제 생각이 바뀌었어요. '셰프는 스펀지다.'라고요. 셰프는 뭐든지 다 흡수해야 해요. 오래된 것은 오래된 것대로, 새로운 유행은 새로운 유행대로 받아들여서 내 것으로 만들어야 진짜 셰프가 될 수 있어요. 그렇지 않으면 셰프로서 발전하기 힘들어요. 열린 마음으로 요리를 대할 때, 나이가 들어도 정체되지 않는 창의적인 셰프가 될 수 있다고 생각합니다. 그래서 '셰프는 스펀지다.'라고 정의하고 싶어요.

인생의 좌우명이 있다면 소개해 주세요.

〈중용〉에 이런 구절이 있어요. '천명지위성(天命之謂性) 솔성지위도(率性之謂道) 수도지위교(修道之謂敎)' 그 뜻을 풀이하면, '천지자연의 도리를 만물에게 나눠 주는 것을 본성이라고 하고, 본성을 따르는 것이 도이며, 도리를 올바르게 닦는 것을 교라고 한다.' 이 말뜻에 따라 저도 제가 배운 요리를 계속 남에게 가르쳐 주고 싶어요. 운명 같은 거라고 할까요?

학생들을 가르칠 때 늘 이렇게 말하곤 해요.

"배워서 남 주자. 배운 게 없으면 남에게 줄 게 없다. 배워서 남에게 줘야 내가 편하다."

제가 움직일 수 있을 때까지 학생들에게 하나라도 더 가르쳐 주고 싶어요. 몸을 움직이기 힘든 상황이면 글이든 말로 정리해서라도 전달하고 싶고요. 저와 같은 꿈을 꾸고 같은 열정으로 달려가는 친구들과 함께 요리의 길을 가고 싶습니다.

앞으로의 **꿈**과 **계획**, 그리고 **목표**에 대해 이야기해 주세요.

저는 세상이 좀 더 맛있게 변하도록 소금을 치는 요리사가 되고 싶습니다. 그렇게 하기 위해 두 가지 일을 계획하고 있어요. 노인 복지사업과 재소자 교화입니다.

고령화 사회에 들어서면서 노인층이 점점 두터워지고 있어요. 그분들의 노하우를 활용하면 좋지 않을까 생각하고 있죠. 할머니들이 함께 집밥 같은 음식을 만들고 할아버지들이 식사 시간에 맞춰 배송하는 식의 사업이에요. 일하고 싶은 어르신들과 함께 하고 싶습니다.

앞서 이야기했던 재소자 교육 관련해서도 계속해서 추진할 거예요. 이제 교도소에서도 반길 만큼 제가 유명해졌으니까요.(웃음)

앞서 두 가지 꿈이 조금은 먼 미래의 계획이라면, 좀 더 빨리 이루어야 할 일들도 있어요.

우선, 2016년도에 새롭게 시작한 레스토랑 '친밀'을 잘 운영하고 싶어요. '줄라이는 파인 다이닝이라 대중적인 식당은 아니다.'라는 의견을 수용해서 오세득만의 캐주얼 레스토랑을 만들어 보자 하고 시작했어요. 친근하면서도 편안한 분위기로, 더 많은 손님들에게 요리로 행복해지는 기분을 느끼게 해드리고 싶습니다. 평소 저의 성격과 꼭 닮은, 편하게 웃고 떠들며 즐겁게 즐길 수 있는 음식과 식당으로 자리 잡는다면 더할 나위 없겠죠.

마지막으로 2016년 연말에는 요리학원을 열 계획을 갖고 있어요. 후배들을 양성하고 싶은 바람 때문이죠. 지금은 요리를 하고 싶지만 형편이 되지 않는 학생들을 위한 특별 요리교실이라거나 강연회에 참석하고 있는데, 이걸 좀 더 본격적으로, 가정형편이 어려워 요리사가 되고 싶은 꿈을 접은 친구들에게 희망을 주는 그런 학원을 열고 싶어요.

여러 곳에서 제안을 많이 받지만 요리책 출간에 대한 계획은 아직 없어요. 다만 한 가지 식재료로 다양하고 새로운 방식의 요리를 만들어 내는 요리책을 써 보고 싶다는 생각은 있어요.

고정된 틀 안에 안주하지 않고 자유롭게 넘나드는 요리를 만들고 싶기 때

문입니다. 한정된 재료로 고정관념을 깨는 기발하고 창의적이며 실용적인
요리책, 멋지지 않나요?

오세득 셰프가 새롭게 연 레스토랑 '친밀'의 직원들과 함께 기념 사진을 찍었다.

" 직업인으로서 조리사는 어떤 대우를 받나요? "

조리사가 받는 연봉은 얼마나 되나요?

호텔 조리사의 경우 호텔의 규모와 상황에 따라 차이가 큽니다. 일반적으로 실습생은 월 급여가 100만 원이 채 되지 않고, 계약직 신입은 월 150만 원이 채 되지 않습니다. 정직원이 되면 신입 기준 연봉 2,000만 원 정도입니다. 경력이 4~5년 쌓이면 연봉은 3,000만 원 내외가 됩니다. 한국직업정보시스템에 따르면 평균 연봉이 한식 조리사는 하위(25%) 2,205만 원, 상위(25%) 3,980만 원, 평균(50%) 3,229만 원입니다. 양식 조리사는 하위(25%) 2,330만 원, 상위(25%) 4,055만 원이며, 평균(50%)은 3,091만 원입니다.

하지만 이 같은 통계치는 그야말로 통계일 뿐입니다. 실제로 경력이 쌓이면 조리사들은 이직을 하는 경우가 많은데, 이 경우 인센티브나 계약금 형태로 임금을 받기도 합니다. 또한 경력이 쌓인 조리사들은 직접 식당을 차려

오너 셰프가 될 경우, 식당의 수익에 따라 수입이 달라집니다. 위험 부담이 크기는 하지만 이른바 '소문난 맛집'이 되면 큰 수익을 기대할 수 있습니다.

조리사들의 업무 환경은 어떤지 궁금해요!

조리사는 주방이라는 제한된 좁은 공간에서 근무해야 합니다. 칼, 뜨거운 기름, 불 등 위험한 요소가 많고 매우 바쁘게 일을 해야 하기 때문에 업무 환경이 좋다고만 할 수는 없습니다. 하지만 이는 조리사의 업무상 당연히 받아들여야 할 부분입니다.

호텔이나 규모가 큰 음식점은 아침부터 저녁까지 2교대 혹은 3교대로 근무합니다. 근무 시간이 일정한 편입니다. 하지만 작은 규모의 레스토랑이나 자영업으로 식당을 운영할 경우 하루 종일 업무를 해야 할 수도 있습니다. 다른 사람들이 식사를 할 때 일하다 보니 식사가 다소 불규칙해지는 만큼, 건강관리에 항상 유의해야 합니다.

하지만 다른 어떤 직업보다 항상 서로 호흡을 맞춰야 하기에 함께 일하는 동료끼리 사이가 끈끈합니다. 게다가 선후배 사이에 기술을 전수하는 경우가 많아, 사이가 특별히 돈독해지는 등 다른 직업에서는 느끼기 힘든 장점들도 많습니다.

Q3

조리사의 노동 강도는 얼마나 되나요? 직업병은요?

요리사는 육체적으로 힘든 직업 중 하나입니다. 일단 오래 서 있기 때문에 무릎이나 발목 등 관절에 무리가 오기 쉽고, 팔과 손목을 많이 사용하기 때문에 이 부분 역시 통증을 호소하는 경우가 많습니다.

더운 여름날 뜨거운 불 앞에서 요리를 계속하면 탈수 증상이 생기기도 하고, 한정된 공간에서 일하기에 답답함을 호소하기도 합니다. 또한 초보 조리사의 경우 선배들보다 항상 일찍 출근하고 늦게 퇴근하며 선배들의 어깨 너머로 기술을 익히면서 자신의 업무도 해야 하기 때문에 어려움을 호소하기도 합니다. 체력이 무엇보다 중요한 직업이기 때문에 여자 조리사보다 남자 조리사가 더 많다고 보는 시각도 있습니다.

조리사는 다른 어떤 직업보다 조리사 본인의 건강이 중요한 직업입니다. 특히 바이러스성 질환에 걸렸을 경우에는 주방에 들어가서는 안 됩니다. 조리사는 본인의 건강과 손님의 건강을 위해 다른 어느 직업보다 건강에 유의해야 합니다.

건강상태를 확인하기 위해서 정기적으로 건강검진을 받아야 할 뿐 아니라, 개인 위생에도 각별한 주의가 필요합니다.

조리사도 정년이 있나요?
보통 언제까지 일을 할 수 있어요?

요리사는 정년이 없는 직업입니다. 물론 호텔이나 규모가 큰 음식점에서 일한다면 회사 내부 규정에 따라 정년이 있을 수 있습니다. 호텔 조리사의 경우 일반적으로 55세가 정년이고, 조리 이사(임원급)는 2년 연임제입니다. 요리사로 일할 수 있는 나이는 보통 20-50대로 봅니다. 종사 현황을 보면, 한식의 경우 50대 이상이 60%에 육박합니다. 상대적으로 우리나라에서 본격적인 영업을 한 기간이 짧은 양식의 경우 20대 요리사가 48.6%로 가장 비율이 높습니다.

SPICE MENU CHEF DISH
DISH COOKING SPICE PASTA
RESTAURANT INGREDIENTS
MENU PASTAFRESH DISH
RESTAURANT RESTAURANT
PASTA CHEF PIZZA
SPICE DISH RESTAURANT
DISH INGREDIENTS MENU INGREDIENTS
FRESH INGREDIENTS MENU PASTA
PASTA MENU INGREDIENTS DISH PASTA
COOKING COOKING SPICE PASTA RESTAURANT MENU
DISH FRESH CHEF
PASTA CHEF COOKING
INGREDIENTS PASTA PIZZA PASTA
SPICE PASTA INGREDIENTS
TASTE INGREDIENTS DISH
PASTA FRESH COOKING
SPICE SPICE MENU
COOKING PIZZA FRESH
MENU INGREDIENTS FRESH
DISH
CHEF DISH PASTA
DISH MENU

DISH DISH CHEF
INC FR
CHEF PASTA
COOKING
RESTAURANT
INGREDIENTS PA CHEF
MENU
PASTA

Part 2

요리사가 되는 방법은 다양하다. 여기에서는 청소년들이 요리사라는
꿈을 키우는 데 도움이 될 만한 **여러 가지 정보**를 소개한다.

예비 요리사를 위한
콕콕 멘토링

01
조리사가 되기 위한
대학 및 학과 정보

    예전에는 요리사가 되려면 경험이 많은 요리사 밑에서 허드렛일부터 시작하여 일을 배워나가는 '도제식 훈련'을 받는 경우가 많았습니다. 정규 교육과정을 거치기보다 식당에서 설거지나 재료 다듬기 등 일을 하며 어깨 너머로 요리를 배우는 것입니다.

    그러나 조리사에 대한 사회적 인식이 높아지면서 관련 학교가 많이 생기고 있습니다. 외국과 같이 우리나라에서도 고등학교 과정부터 조리사의 길을 준비할 수 있습니다. 조리학 고등학교와 전문계 고등학교 조리학과가 있기 때문입니다. 대학에는 식품조리학과, 외식조리학과, 조리과학과 등이 있어서 이론부터 실습까지 체계적으로 배우는 교육과정이 마련되어 있습니다.

    관련 학교에 입학하지 않더라도 사설 요리학원이나 지역 인력센터를 이용하여 조리사 업무를 배울 수도 있습니다. 자신이 관심 있는 분야의 유명 음식점에서 주방 보조로 일하면서 요리 기술을 익히고 일하는 방법도 있습니다.

다만, 일정 규모 이상의 큰 식당에서 일하려면 조리 기능사 자격증을 취득해야 합니다. 특히 호텔 레스토랑의 경우 조리 기능사 자격증 소지자만 일할 수 있고, 채용시 응시자격을 전문대학 이상의 조리 관련학과 졸업자로 제한합니다.

1. 요리·조리학원을 알아보자!

조리 기능사 자격증을 따기 위해 학원을 가면, 한식 조리사 과정을 가장 먼저 권합니다. 다양한 재료를 자르고 다지고, 채 써는 방법과 찌고, 굽고, 지지는 등의 여러 가지 조리 방법을 기초부터 배울 수 있기 때문입니다. 그래서 한식 조리사 자격증을 딴 후 다른 자격증에 도전하는 사람이 많습니다.

조리 기능사는 별도의 자격요건 없이 응시할 수 있기 때문에 많은 사람들이 응시합니다. 하지만 단순히 요리를 잘한다고 해서 조리 기능사 자격시험에 합격할 수 있는 건 아닙니다. 각 과정을 정확하게 수행해야 하고 위생 관리 등에 있어 정해진 기준을 따라야 하기 때문에 독학으로 합격하기란 쉽지 않습니다.

조리 기능사 자격증을 중심으로 취미 및 창업 등 다양한 과정이 준비된 조리 학원과 달리, 개인의 이름을 걸고 한식 위주로 수업을 운영하는 학원들도 있습니다. 하선정, 한복선, 이종임, 심영순 등 유명한 한식 요리사들이 운영하는 요리학원은 대대로 이어져 내려온 손맛을 전수합니다. 가정식 요리부터 궁중 요리까지 한식 비법을 위주로 교육합니다.

　그 밖에 유명 식당이나 셰프가 운영하는 이벤트성 요리 수업도 있으니 자신의 목적에 따라 골라서 참여하면 됩니다.

2. 조리 고등학교에서는 무얼 배울까?

　조리고등학교에서는 직업적 전문 지식, 전문 조리기술, 직업 가치관 및 조리 정신, 외국어 능력 등을 키우는 데 중점을 둡니다. 교과는 '보통 교과(국어, 사회, 수학, 과학, 영어 등)'와 '전문 교과(조리)'로 나뉩니다.

　조리 관련 전문 교과에는 '한식조리실습', '양식조리실습', '일실조리실습', '중식조리실습', '영양학', '식품과학', '식품위생', '급식관리', '현장실습', '조리실무영어', '외식창업론' 등이 있습니다. 그 밖에 재량 활동으로 '조리원리'와 '제과제빵', '현장체험' 등을 합니다.

3. 대학은 어디로 가야 할까?

1) 관련 학과

　조리과, 조리과학과, 식품조리학과, 전통조리과, 외식조리(학)과, 호텔조리과, 호텔외식조리과, 관광호텔조리과, 제과제빵과 등이 있습니다.

　조리과는 식품의 특성과 영양에 대한 기본 이론과 조리 과정에서 발생

하는 물리적·화학적 변화를 예측해 조리 방법에 활용하는 법을 습득합니다. 한국·일본·중국·서양요리, 전통 발효식품, 궁중요리 등 다양한 조리 과정을 익혀 졸업 후 현장에서 바로 활용할 수 있도록 학습합니다. 관광외식조리과, 외식조리과, 서양조리과, 한국식품조리과, 식품영양조리과, 식품가공조리과, 식음료조리과, 호텔외식조리과, 호텔조리과 등 다양한 명칭으로 대학교 및 전문대학에 개설되어 있습니다.

· 기초 과목: 식품학, 영양학, 조리원리, 외식경영학, 호텔조리학원론, 관광학개론
· 심화 과목: 한국·중국·일본·서양조리 실습, 식음료원가관리, 식품가공학, 메뉴관리론, 외식사업창업론, 레스토랑경영관리, 단체급식론, 음료학 및 칵테일, 제과제빵실습, 푸드데코레이션

제과제빵과는 식품에 대한 기초 지식을 비롯하여 빵, 케이크, 떡, 한과 등의 전통 음식, 일본과자, 기타 여러 나라의 외국과자 등 제과제빵 이론 및 재료 등에 대한 지식을 습득합니다. 주로 전문대학 위주로 개설되어 있으며, 다양한 실습으로 관련 지식을 습득합니다. 초콜릿공예, 설탕공예, 데코레이션 기법 등에 대해서도 공부합니다.

· 기초 과목: 식품학, 영양학, 제과제빵이론, 제과제빵재료학, 식품위생학
· 심화 과목: 제과점경영론, 식품가공저장학, 한식·양식조리실습, 제과제빵실습, 초콜릿실습, 식음료실습, 케이크데코레이션

2) 주요 교과목

1학년 때는 이론 과목을 위주로 교과가 진행되며, 학년이 올라갈수록 실습 과목이 많아집니다. 졸업할 학년이 되면 현장실습에 중점을 둡니다.

- 식품학: 식품의 합리적 이용을 위해 식품에 관한 기초 지식을 명확히 하고, 화학 성분 및 영양학적 가치를 이해합니다. 생산, 가공, 유통, 저장 중 일어나는 물리, 화학적 변화를 과학적으로 이해합니다.
- 영양학: 영양소를 섭취하고 소화, 흡수, 운반, 이용, 배설하는 전 과정을 이해합니다. 건강과 질병에 대한 식품, 영양소, 대사과정에서 일어나는 상호 작용 및 균형에 대한 과학적 지식을 배웁니다.
- 식품위생학: 식품에서 중요한 안전성과 안전한 식품 섭취 방법, 그리고 식품의 위생적 관리 방법 등을 배웁니다.
- 식품분석: 식품 규격 검사에 사용되는 기기 및 측정 원리를 설명하고, 그 기구를 이용하여 식품의 물리적 성질을 측정합니다. 또 식품의 일반 성분인 수분, 회분, 단백질, 지방질, 당질, 섬유질 및 무기질의 함량을 측정하는 방법을 배웁니다.
- 식품재료이용학: 식물성 식품의 저장성, 영양성, 기호성을 증진하는 데 필요한 물리 화학적, 생물 화학적 처리 이론을 배웁니다. 또 저장 방법, 품질 특성, 가공 방법 등을 실습하며 익힙니다.
- 서양 조리: 서양 조리의 역사적 배경과 발달과정 및 특징을 고찰합니다. 식단 작성, 식사예절, 조미료, 향신료의 사용법과 양식의 기본 조리 특성을 익혀 자격증 취득과 실생활 응용을 도모합니다.

· 제과제빵: 서양 요리 구성에 기본인 제과, 제빵의 원리를 이해합니다. 실습 과정을 통해 제과, 제빵에 관한 실무 경험을 쌓도록 합니다.

· 조리이론: 조리에 대한 기초적이고 전반적인 내용을 배웁니다.

· 현장실습: 학교에서 배운 이론과 실험 실습에 관한 지식을 바탕으로 산업 현장에 참여하여 영양사 업무, 조리사 업무, 단체 급식, 식품 구매, 식품 위생 등에 관해 소정의 현장 기술을 습득합니다.

3) 관련 자격

한식 조리 기능사/산업기사, 양식 조리 기능사/산업기사, 중식 조리 기능사/산업기사, 일식 조리 기능사/산업기사, 복어 조리 기능사/산업기사, 제과 기능사, 제빵 기능사, 조리 기능장, 조주 기능사(주최 한국산업인력공단)

4. 조리학과가 개설된 대학

1) 대학교

전공 명	대학교 명
글로벌조리학과	우송대학교
글로벌한식조리학과	우송대학교
동양조리학과	영산대학교
서양조리학과	영산대학교
식품영양학과	가천대학교, 동국대학교
식품학부	영남대학교
영양조리학과학부	한경대학교
외식 · 조리학과	경기대학교
외식 · 조리학부	경주대학교
외식경영학과(자연과학계열)	배재대학교
외식산업조리학과	우석대학교
외식산업학부	위덕대학교
외식산업학전공	대구가톨릭대학교
외식영양학과	상명대학교
외식조리전공	경주대학교
외식조리학과	한국국제대학교
외식조리학부(외식조리전공)	우송대학교
외식조리학전공	을지대학교 성남캠퍼스
조리계열	영산대학교
조리과학과	순천대학교, 호남대학교

전공 명	대학교 명
조리과학부	초당대학교
조리산업학과	경희대학교
한국식품조리영양학부	대구한의대학교
한국식품조리학과	영산대학교
한방식품조리학부	대구한의대학교
한식조리학과	전주대학교
호텔외식산업학과	중부대학교
호텔외식조리학과	광주대학교, 극동대학교, 서원대학교, 영동대학교
호텔조리영양학과	가야대학교
호텔조리전공	한북대학교
호텔조리학과	남부대학교
호텔조리학부	경동대학교

※ 한국직업정보시스템(WORKNET) 자료 참조

2) 전문대학교

전공 명	대학교 명
Sol International school-글로벌조리학과	우송정보대학
관광외식조리계열	제주관광대학교
관광외식조리학과	한림성심대학교
글로벌한식조리학과	수원과학대학교
바리스타&소믈리에과	동부산대학교
바리스타전공	대원대학교
바이오식품과	경북과학대학교
바이오식품조리학과	대경대학교
식음료조리계열 식품영양전공	영남이공대학교
식음료조리계열 조리전공	영남이공대학교
식품가공제과제빵과	강원도립대학
식품가공조리제빵과	경북전문대학교
식품가공조리학과	경북전문대학교
식품과학과	청강문화산업대학교
식품과학부	마산대학교
식품생명과학과	동남보건대학교, 신안산대학교
식품생명과학과(3년제)	서일대학교
식품영양과(3년제)	서일대학교, 연성대학교, 울산과학대학교
식품영양외식학부	충청대학교
식품영양조리계열	동의과학대학교
식품영양조리전공	대전과학기술대학교
식품영양조리학과	조선이공대학교

전공 명	대학교 명
식품조리 학과	수원여자대학교, 청원문성대학
식품조리전공	대전과학기술대학교
약선식품가공과	전남도립대학교
외식조리산업과	원광보건대학교
외식조리제과계열	동주대학교
외식조리제빵전공	대구과학대학교
외식조리학과	우송정보대학
외식호텔조리산업계열	포항대학교
웰빙외식조리계열	군장대학교
전통조리학과	배화여자대학교
제과데코레이션과	대구미래대학교
제과제빵계열	우송정보대학
제과제빵과	수원여자대학교, 혜전대학교
제과제빵바리스타전공	경북과학대학교
제과제빵커피과	수성대학교
조리부사관과	우송정보대학
조리서비스부사관과	오산대학교
조리음료바리스타과	상지영서대학교
커피바리스타&외식조리학과	순천제일대학교
커피바리스타과	고구려대학교, 군장대학교, 마산대학교
커피외식창업복지학부	고구려대학교
푸드스쿨	청강문화산업대학교
푸드스타일리스트전공	대전과학기술대학교

전공 명	대학교 명
푸드스타일링과	연성대학교
푸드스타일링전공	대전과학기술대학교
푸드아트스쿨	대경대학교
한국음식과	전남도립대학교
한식명품조리학과	인천재능대학교
호텔관광외식과	충남도립청양대학
호텔식품조리전공	동아인재대학교
호텔외식과	대덕대학교
호텔외식산업과	여주대학교
호텔외식전공	대전과학기술대학교
호텔외식조리계열	경남정보대학교, 대구공업대학교
호텔외식조리전공	경북과학대학교
호텔외식조리학과	가톨릭상지대학교, 강원관광대학교 경민대학교, 경산1대학교 국제대학교, 대동대학교 대전보건대학교, 동부산대학교 동서울대학교, 문경대학교 부산여자대학교, 부천대학교 서라벌대학교, 송호대학교, 울산과학대학교 인천재능대학교, 청암대학교
호텔외식조리학부	대구보건대학교
호텔제과음료과	충북보건과학대학교
호텔제과제빵과	강원관광대학교, 동우대학, 부산여자대학교 창원문성대학, 한국관광대학교
호텔조리계열	대원대학교
호텔조리과	오산대학교

전공 명	대학교 명
호텔조리·제빵계열 (제과제빵전공)	수원과학대학교
호텔조리·제빵계열 (호텔조리전공)	수원과학대학교
호텔조리계열	부산과학기술대학교, 수성대학교
호텔조리·제빵·차문화과	경북과학대학교
호텔조리김치발효과	전남과학대학교
호텔조리영양과	고구려대학교, 서해대학, 울산과학대학교 전남도립대학교, 전북과학대학교, 한영대학
호텔조리영양학부	동강대학교, 연성대학교
호텔조리외식계열	혜전대학교
호텔조리전공	대림대학교, 대원대학교
호텔조리제빵계열	신성대학교
호텔조리제빵과	강동대학교, 경남도립남해대학 경북전문대학교, 구미대학교 문경대학교, 전남도립대학교, 창신대학
호텔조리학과	강릉영동대학교, 김포대학교 대구미래대학교, 동우대학 동원대학교, 두원공과대학교, 문경대학교 서정대학교, 세경대학교, 신안산대학교 안산대학교, 장안대학교 제주한라대학교, 한국관광대학교
호텔조리학부	동원과학기술대학교, 서영대학교
호텔커피바리스타과	부산여자대학교
호텔커피칵테일과	전남과학대학교

※ 한국직업정보시스템(WORKNET) 자료 참조

02

셰프에 적합한
성격과 가치관

1. 조리사에 적합한 성격

　한국직업정보시스템(WORKNET)의 자료에 의하면, 양식조리사에 적합한 성격은 중요도(최대 100)에 따라 열 가지로 분류됩니다. 그것은 스트레스 감내성, 인내, 혁신, 협조, 책임과 진취성, 적응성/융통성, 성취/노력, 타인에 대한 배려, 꼼꼼함, 자기통제입니다. 특이한 점은 열 가지 성격의 중요도가 모두 60 이상이라는 것입니다. 이는 열 가지 성격 요소가 모두 중요하다는 것을 나타냅니다. 특히 또 타인에 대해 취해야 할 자세와 마음가짐(희생, 봉사)이 성격의 대부분을 차지합니다.

　양식조리사에 적합한 성격을 중요도(최대 100) 순으로 배열하면 아래의 표와 같습니다.

중요도	성격	설명
90	스트레스 감내성	비판을 받아들이고, 고도의 스트레스 상황에도 효과적으로 대처한다.
83	인내	장애가 있어도 포기하고 않고 계속 참고 견딘다.
79	혁신	새로운 아이디어를 산출하거나 어떤 문제를 해결하기 위해 기발한 아이디어나 대안을 생각해 낸다.
77	협조	다른 사람들과 즐거운 관계를 유지하며 협조적 태도를 보인다.
71	책임과 진취성	책임을 기꺼이 받아들이고 도전하려 한다.
71	적응성/융통성	변화와 가지각색의 다양성에 대해 개방적이다.
67	성취/노력	도전할 목표를 설정하고 이를 달성하기 위해 노력한다.
62	타인에 대한 배려	다른 사람들의 욕구나 느낌에 민감하며 타인을 이해하고 도와주려고 한다.
61	꼼꼼함	업무를 철저히 완수하고, 사소한 부분까지 주의를 기울인다.
60	자기통제	매우 어려운 상황에서도 공격 행동을 보이지 않고 분노를 통제하며 심리적 평정을 유지한다.

※ 중요도(최대 100) 순, 한국직업정보시스템(WORKNET) 자료 참조

2. 홀랜드의 직업 흥미 이론으로 본 조리사

홀랜드(John L. Holland)는 직업 흥미 이론의 창시자로 존스홉킨스 대학교에 재직했던 미국의 심리학자입니다. 그는 '흥미가 진로 결정에 큰 영향을 미친다.'는 전제하에 직업의 적성을 '실제형(현실형)', '탐구형', '예술형', '사회형', '진취형(기업형)', '사무형(관습형)', 이렇게 총 여섯 가지 유형으로

분류했습니다.

실제형(R)은 솔직하고 성실하고 검소하며 몸을 움직여 활동하는 성격을 지니고 있습니다. 소박하고 말이 적으며 기계를 다루는 데 적합합니다.

탐구형(I)은 탐구심이 많고 논리적·분석적·합리적 성격을 지니고 있습니다. 지적 호기심이 많아 수학과 과학에 적성을 보입니다.

예술형(A)은 상상력과 감수성이 풍부하며, 자유분방하고 개방적인 성격을 지니고 있습니다. 예술에 소질이 있고, 창의적인 것을 창출해 내는 재능이 있습니다.

사회형(S)은 다른 사람에게 친절하고 이해심이 많으며, 남을 도와주려는 경향이 높고, 봉사하고자 하는 마음이 큽니다. 대인관계를 이끌어 갈 능력이 뛰어나고 사람들을 좋아하는 성향을 지니고 있습니다.

진취형(E)은 지도력과 설득력을 가지고 있고, 열성적이고 경쟁적이며 이성적 성향이 강합니다. 외향성과 통솔력을 지니고 있으며 언어와 관련된 적성이 높습니다.

사무형(C)은 책임감이 강하고 빈틈이 없으며, 행동을 할 때 조심스러운 면을 보입니다. 계획에 따라 행동하기를 좋아하고 변화를 반기지 않습니다. 사무 능력과 계산 능력이 좋습니다.

양식 조리사는 이 여섯 가지 흥미 유형 중에 예술형(A)의 중요도가 가장 높습니다. 요리라는 예술적 형태를 자유롭게 창조해 내기 때문입니다. 따라서 예술 능력과 반대되는 사무 능력은 꼭 필요한 능력이 아니기 때문에 사무형(C)의 중요도가 가장 낮습니다. 예술형 다음으로 탐구형(I)의 중요도가 높은데, 이는 식재료에 대한 탐구와 음식과 관련한 문화 현상에 대해 호기심을 갖기 때문으로 보입니다. 이러한 경향성은 진취형(E)에서 보이는 대인관계 및 설득적 능력에 결함이 있음을 나타냅니다.

3. 조리사의 직업 가치관

양식 조리사의 직업 가치관을 중요도(최대 100) 순으로 배열하면 아래의 표와 같습니다.

중요도	직업 가치관	설명
75	다양성	업무가 정형화되지 않고 변화가 많다.
62	지적 추구	새로운 지식을 얻을 수 있다.
61	이타	남을 위해 봉사할 수 있다.
54	인정	타인에게 인정받을 수 있다.
53	경제적 보상	금전적 보상이 충분하다.
44	심신의 안녕	심신의 여유를 가질 수 있다.
44	개인 지향	여러 사람과 어울려 일하기보다는 혼자 일할 수 있다.
42	자율	자율적으로 업무를 해 나갈 수 있다.
41	성취	자신이 스스로 목표를 세우고 달성할 수 있다.
40	타인에 대한 영향	타인에 대해 영향력을 발휘할 수 있다.
30	애국	국가를 위해 도움이 될 수 있다.
26	고용안정	고용이 안정되어 있어서 정년까지 일할 수 있다.
10	신체활동	업무시 신체활동을 많이 하지 않아도 된다.

※ 중요도(최대 100) 순, 한국직업정보시스템(WORKNET) 자료 참조

조리사의 직업 가치관에서 가장 중요한 것은 '다양성'입니다. 정형화되지 않고 변화가 많은 요리 업무의 특성을 보여 준다고 하겠습니다. 그 밖에 중요한 가치관으로 '지적 추구', '이타', '인정' 등이 있습니다.

　　직업으로서의 요리란 자신이 아니라 타인을 위한 행위이므로 봉사가 중요하며, 그에 따라 인정을 받을 수 있다는 의미입니다. 중요도가 낮은 가치관으로는 '애국', '고용안정', '신체활동'이 있습니다. 그중에 '고용안정'이 낮게 나온 이유로 조리사에게 정년이 없다는 점이 오히려 단점으로 평가되어 포함된 것으로 보입니다.

셰프가 되기 위해 갖춰야 할 능력은?

1. 조리사에게 가장 필요한 능력은?

조리사로서 일을 하는데 가장 중요한 능력은 '정교한 동작'입니다. 각종 식재료를 다듬는 칼질부터 다듬은 식재료를 정확하게 조리하고, 조리된 음식을 보기 좋게 담는 모든 과정은 손에 의해 이루어지기 때문입니다. '음식 맛은 손끝에서 나온다.'라는 말이 괜히 생겨난 게 아니죠.

두 번째는 '신체적 강인성'입니다. 조리사는 근무 시간 내내 서서 일할 뿐만 아니라, 주문이 몰리면 화장실도 제때에 가기 힘들 만큼 정신없이 바쁩니다. 땀으로 옷이 젖는 경우도 많습니다. 남들이 쉬는 주말이나 휴일에도 일해야 합니다. 그만큼 체력이 뒷받침되지 않으면 하기 힘든 일입니다. 또한 음식을 기다리는 손님을 위해 조리사는 몸을 빠르게 움직여야 합니다. 또 뜨거운 불과 물, 날카로운 칼 등을 사용하기 때문에 몸이 빠르게 반응해야 합니다. 자칫 잘못하다가는 음식을 망치는 것 뿐 아니라, 몸이 다칠 수 있습니다. '유연성 및 균형(몸의 균형을 유지하거나 각 부위를 구부리고 펴는 능력)'과 '움직임 통제(몸을 사용하여 기계나 기구를 정확한 위치로 바쁘게 움직이는 능력)'가 필요한 이유는 조리사들이 바쁘게 일하는 모습을 보면 쉽게 알 수 있습니다.

그 다음으로 중요한 능력은 '관리능력'입니다. 관리능력은 '물적 자원관리'와 '인적 자원관리' 두 가지로 나뉩니다. '물적 자원관리'는 요리하는 데 필요한 시설, 자재 등을 구매하고 관리하는 것을 말합니다. 직원의 근로 의욕을 높이고 능력을 개발하며 적재적소에 인재를 배치하는 것이 '인적 자원관리' 입니다. 조리사가 주방을 책임지는 자리에 오르게 되면 꼭 필요한 능력이라 하겠습니다.

새로운 음식을 창조할 수 있는 '창의력' 또한 중요합니다. 언제나 새로운 맛을 찾으려는 사람들의 요구에 부응해야 조리사로서 발전할 수 있습니다.

이런 여러 가지 능력들은 조리사가 되는 데 없어서는 안 될 능력입니다. 그런데 이런 능력을 개발하기 전에 먼저 꼭 필요한 것이 있습니다. 바로 음식을 만들어 고객들에게 서비스하는 것을 사랑해야 한다는 것입니다. 남을 위해 요리하는 것을 좋아해야 비로소 요리 기술이 제대로 발휘될 수 있다는 말입니다.

2. 조리사에게 필요한 지식의 유형은?

조리사가 갖춰야 할 지식을 중요도 순으로 나열해 보면 다음과 같습니다.

고객서비스 – 식품 생산 – 상품 제조 및 공정 – 영업과 마케팅 – 교육 및 훈련 – 인사 – 안전과 보안 – 기계 – 경영 및 행정 – 예술

조리사는 고객을 상대로 음식을 만드는 직업입니다. 그러므로 고객의 욕구와 만족도를 평가하고, 고객에 대한 서비스 기준을 설정할 지식을 갖춰야 합니다. 그 바탕 위에 습득한 요리 기술과 기법으로 손님이 주문한 음식을 만들어 냅니다.

직접 자신의 식당을 운영하게 된다면 원자재와 제조공정, 품질관리, 비용에 관한 지식을 알고 있어야 하고, 판매를 위해 마케팅 전략과 영업 관리 기법도 수립할 수 있어야 합니다. 채용, 훈련, 급여, 노사관계 같은 인적자원 관리에 대한 지식도 식당 경영에 필요한 것들입니다.

주방의 책임자라면 후배 조리사들을 가르치고 훈련시키는 데 어떤 방법과 이론이 적합한지 알고 있어야 합니다. 주방이 원활하게 돌아가기 위해서는 먼저 적합한 교육과 훈련이 이뤄져야 합니다.

그 밖에 주방 기구와 설비를 사용하고 수리·유지하기 위해서 '기계'에 관한 지식이 필요합니다. 음악, 무용, 미술, 드라마 등 예술에 관한 지식은 그다지 중요하지 않다고 봅니다.

10년 후
직업 전망은?

1. 인류 역사상 프로 요리사는 언제 맨 처음 등장했을까?

기원전 5세기경 그리스의 아테네와 스파르타가 연합하여 페르시아 제국의 침략을 막아 냅니다. 그 후 한동안 평화가 이어지면서 그리스는 문화의 황금기를 맞이하게 되었습니다.

그리스의 도시 중에서도 아테네는 인구 30~50만 명의 대도시로 성장하고, 그리스와 서양 문화의 초석이 되는 건축과 회화, 조각이 발전했습니다. 그리스 전역에 극장이 세워졌고, 연극이 공연되었습니다. 하지만 문화발전의 혜택이 모든 계층에게 골고루 쏟아진 것은 아니었습니다. 부자와 가난한 사람 사이에 문화적 격차가 생겼고, 이런 변화는 음식에도 영향을 미쳤습니다.

가난한 사람들은 보리를 갈아 가루로 만든 뒤 구운 '마짜(maza)'라는 빵을 먹었습니다. 서민들의 주식은 밀떡, 양젖과 염소젖으로 만든 치즈, 올리브유였습니다. 반면에 부자들은 병아리콩과 렌즈콩 등 콩류, 양귀비

씨, 참깨, 집에서 키우는 가축의 고기를 먹었습니다. 사냥한 곰, 사슴, 토끼뿐 아니라 순무, 파, 양파, 마늘 같은 채소, 양봉업자들이 딴 꿀도 즐겼습니다.

도시화가 진행되자 도시에서는 공공 여인숙을 지어 그리스의 여러 식민지를 여행하는 상인과 사업가들을 접대하였습니다. 그때부터 여행자들에게 음식을 만들어주는 요리사가 전문직업이 되기 시작했습니다.

당시 사회를 반영하듯, 고대 로마 시인 아르케스트라투스는 '헤디파테이아'라는 책을 썼습니다. 그 책에는 음식에 대한 시(詩)가 많았는데, 아쉽게도 대부분 소실되고, 현재 일부만 남아 있습니다. 플라톤 같은 철학자들이 요리는 예술이 아니므로 그런 글은 도서관에 보존할 가치가 없다고 여겼기 때문입니다.

그리스의 황금기는 아테네와 스파르타의 전쟁(기원전 431년)으로 인해 끝이 납니다. 화려하고 풍성한 시대는 막을 내렸지만, 그때 생겨난 직업인 요리사는 오늘날까지 인류에게 기쁨과 즐거움을 선사하고 있습니다.

2. 앞으로 10년간 조리사의 직업 전망은 어떨까?

향후 10년간 주방장 및 조리사에 대한 고용은 현 상태를 유지할 것으로 전망됩니다. 한국고용정보원의 「2013-2023 인력수급전망」에 따르면, 2013년 주방장 및 조리사는 620,800명으로 2008년의 789,000명에 비해 168,200명(연평균 -4.7%) 감소했습니다.

통계청의 전국사업체조사 자료에 따르면, 2012년 현재 주방장 및 조리사의 고용과 관련된 일반 음식점업의 사업체 수는 334,917개소로 2008년 317,077개소에 비해 5.6% 증가했습니다. 종사자 수는 2008년에 918,051명에서 2012년 992,697명으로 8.1% 증가한 것으로 나타났습니다. 특히 2011년부터 증가폭이 다소 커지고 있는데, 이는 퇴직한 베이비부머(한국전쟁 직후인 1955년부터 가족계획 정책이 시행되기 시작한 1963년 사이에 태어난 세대)의 소규모 음식점 창업이 활발해진 것에 영향을 받은 것으로 추정됩니다.

생활수준이 향상되고 여성의 사회 활동이 증가하면서 가족 단위의 외식문화가 발전하고 있습니다. 패스트푸드나 패밀리레스토랑, 세계 각국의 전통 음식점 등이 빠르게 성장하고, 대기업과 호텔 업계가 외식산업에 참여하면서 주방장 및 조리사의 일자리에도 좋은 영향을 미치고 있습니다.

또 베이비부머 세대가 본격적으로 은퇴하면서 소자본 음식점이나 프랜차이즈 음식점의 창업이 증가하여 조리사에 대한 수요는 꾸준한 편입니다.

통계청의 「가구당 월평균 가계수지」에 의하면, 외식비가 2008~2009년 금융 위기 시기를 제외하고 꾸준히 증가한 것으로 나타납니다. 2013년 현재 월평균 311,755원을 지출하고 있고, 2008년 월평균 280,875원에 비해 11.0% 증가한 것으로 나타났는데, 이는 주방장 및 조리사의 고용 유지에 긍정적으로 작용할 것으로 기대됩니다.

그러나 외식산업 시장이 이미 포화가 되어 경쟁이 치열한 현실을 간과할 수는 없습니다. 그러므로 주방장 및 조리사의 고용이 계속해서 증가하기에는 한계가 있을 것으로 전망됩니다.

한편, 주방장 및 조리사를 주로 배출하는 식품·조리 관련학과의 취업률
은 2013년 6월 기준으로 55.0%인 것으로 나타났습니다.

※ 한국교육개발원 자료 참조

05

요리와 관련된
다양한 직업 엿보기

1. 메뉴 개발자

고객들의 변화하는 입맛을 사로잡고 경쟁력을 확보하기 위해서는 다양한 음식, 건강한 음식을 판매해야 합니다. 메뉴 개발은 외식업체 운영에서 가장 기본적인 분야라고 할 수 있습니다. 한식, 중식, 양식, 일식, 아이스크림, 샌드위치, 음료 등 먹을 수 있는 모든 분야에서 메뉴 개발이 이뤄지고 있습니다.

일반적으로 음식을 직접 만들며 개발업무를 하는 메뉴 개발자가 많습니다. 큰 규모의 외식업체나 프랜차이즈 회사의 경우에는 메뉴 개발을 전문으로 하는 부서가 따로 있습니다.

메뉴 개발자는 우선 음식점의 특성과 주 소비층, 음식 트렌드 등을 파악해야 합니다. 영양 균형까지 생각해 새로운 조리법과 음식을 개발합니다. 고객들에게 음식을 선보인 후 평가를 묻고 수정하는 과정을 거쳐 메뉴의 완성도를 높입니다. 소비자들이 기꺼이 사 먹을 만한 적절한 가격도 매겨야 합니다. 그렇게 하기 위해서는 다른 음식점이나 업체에서 다양한 음식을 먹어 보고 평가하며, 시장조사를 꾸준히 해야 합니다.

레스토랑 및 호텔, 음식점 등에서 조리를 해 본 경험자가 메뉴 개발자로 많이 활동하고 있습니다. 그러나 조리 경력이 필수는 아닙니다. 대기업의 경우 전문대학 이상의 학력을 요구하기도 합니다. 식품공학과, 식품영양학과, 식품학과 등 식품 관련학을 전공한 사람들이 많은 편이며, 기획 업무만 하는 경우에는 호텔경영이나 관광학 등을 전공한 사람들도 활동하고 있습니다.

가장 중요한 것은 경력, 조리 능력, 기획력, 관련 지식과 음식에 대한 관심과 열정, 도전 정신입니다. 메뉴 개발자가 되기 위해서는 꾸준히 세계 여러 종류의 음식을 접하면서 아이디어를 얻고 새로운 메뉴를 만들어 보는 노력이 필요합니다.

2. 제과제빵사

각종 빵과 케이크, 파이, 쿠키 등을 만드는 사람입니다. 외국에서는 제과사를 '파티셰', 제빵사를 '블랑제', 초콜릿을 전문으로 만드는 사람을 '쇼콜라티에'로 구분하여 부릅니다. 하지만 제과나 제빵 한 분야만 하는 사람은 거의 없다고 합니다.

제과와 제빵을 구분하는 기준은 발효입니다. 케이크나 쿠키 등 발효를 거치지 않고 만드는 것은 제과이고, 반죽을 발효하고 모양을 만든 다음

두 번째 발효를 하여 구워 내는 것은 제빵입니다.

제과제빵사는 고급 레스토랑과 호텔에서 일할 수 있고, 프랜차이즈 제빵점의 본사 공장, 가맹점, 대형마트, 백화점 베이커리, 소규모 제과점에서 일할 수 있습니다. 또 자신의 제과점을 창업할 수도 있습니다. 제과제빵학원, 직업전문학교, (전문)대학교 등에서 제과제빵에 대한 지식과 기술을 배우고 관련 자격증(제빵 기능사, 제과 기능사 국가 기술 자격)을 취득하면 취업하는 데 도움이 됩니다.

요즘에는 제과제빵 기술이 발달한 프랑스나 일본으로 가서 기술을 배우는 사람이 늘고 있습니다. 채용시에 학력보다 실력을 우선시 하는 편이고 경력자 위주로 채용하는 곳이 많으니, 현장에서 숙련된 제과제빵사를 보조하면서 직접 기술을 배우는 것도 좋겠습니다.

3. 바리스타

바리스타는 커피전문점에서 원두를 선택하고, 기계를 활용하여 고객의 입맛을 만족시키는 커피를 만들어 내는 사람입니다. 이탈리아어로 '바(bar) 안에서 만드는 사람'이란 뜻으로, 우리나라에서는 커피를 추출하는 사람을 총칭합니다.

커피를 만드는 일 외에도 좋은 원두를 가려내는 일, 원두 및 부재료 구입, 저장, 재고 관리, 판매 촉진, 고객을 유치하는 일까지 모두 바리스타의 일입니다. 또한, 최상의 커피를 위해 직접 커피 원두를 볶는 로스팅(roasting)까지도 마다하지 않는 바리스타들이 많습니다. 그러기 위해서는 커피가 어떻게 생산되는지, 각기 다른 원두마다 어떤 맛이 나는지, 어떤 특징을 가졌고 무슨 빵과 어울리는지 등 커피에 관한 다양한 지식이 필요합니다.

바리스타는 매일 커피를 시음하여 기계의 성능 유지를 확인하고, 고객의 의견을 들어 고객의 입맛에 맞는 새로운 맛의 커피를 만들어 내기도 합니다.

또한 '라테 아트'와 같은 부대 서비스를 위한 기술을 익혀 서비스의 다양

화와 질을 높이는 일을 하기도 합니다.

커피전문점의 증가로 바리스타에 대한 관심이 높아져 여러 대학에 관련 학과가 개설되어 있습니다. 대학의 사회교육원, 여성인력개발센터, 사설학원 등에서 2~4개월간 다양한 이론과 실습을 교육받을 수 있습니다. 아직 국가 공인 자격증은 없고, 일부 교육기관에서 수료증으로 바리스타 교육을 받았다는 것을 증명하고 있습니다.

바리스타로 일하려면 경험이 중요하므로 레스토랑, 카페, 커피전문점 등에서 경력을 쌓는 것이 좋습니다. 더불어 전문 교육과정을 이수하여 전문성을 인정받으면 더 좋은 일자리로 이직하는 데 유리합니다. 최근에는 국제적인 바리스타 대회에 도전하여 인정을 받으려는 사람들이 늘고 있습니다.

4. 와인 소믈리에

　중세 유럽에는 식품 보관을 담당하면서 영주에게 식품의 안전 여부를 알려주는 솜(Somme)이라는 직책이 있었습니다. 프랑스어 소믈리에(Sommelier)는 여기서 유래한 말로, '맛을 보는 사람'을 뜻합니다.

　와인 소믈리에는 호텔과 레스토랑, 백화점, 와인바, 와인 숍 등 와인을 취급하는 곳에서 와인(음료 포함)의 구매, 저장, 관리, 판매에 이르기까지 와인과 관련한 모든 업무를 수행하는 사람입니다. 이들은 '와인 스튜어드(wine steward)', '와인 캡틴(wine captain)', '와인 웨이터(wine waiter)'등 다양한 이름으로 불리기도 합니다.

　근무지에 따라 다소 차이는 있으나 보통 오후 4시경에 출근해 예약 손

님을 확인하는 것으로 일을 시작하여 매장 영업을 마감한 후 새벽 1~2시 경에 퇴근합니다. 일하는 곳의 규모에 따라 수석 소믈리에, 보조 소믈리에, 견습 소믈리에 같은 직급이 있습니다.

전문대학 및 대학교의 국제소믈리에과, 와인발효식품학과, 외식산업과, 조리(학)과 등에서 교육받아 소믈리에가 될 수 있습니다. 최근에는 대학의 사회교육원과 일부 대학원에 관련 학문이 전공과목으로 개설되었습니다. 와인스쿨 등 전문 사설교육기관에서 교육받은 후 호텔, 레스토랑, 와인바, 백화점 등에 취업하거나 웨이터로 시작하여 경력을 쌓아 규모가 큰 곳으로 진출할 수 있습니다. 유학 가서 외국의 소믈리에 자격을 취득하고 취업하는 경우도 있습니다.

무엇보다 현장에서 풍부한 경험을 쌓는 것이 중요한 만큼, 대다수는 와인 잔을 닦는 등 허드렛일부터 시작하여 업무 전반을 익히고 서비스 마인드를 갖추게 됩니다.

5. 영양사

영양사는 학교나 회사 등 여러 사람이 단체로 식사하는 곳에서 영양 서비스를 제공하는 사람입니다. 식단 계획부터 식재료 선정과 관리, 조리 과정 감독, 식생활 지도, 영양 정보 제공과 상담에 이르기까지 급식과 관련한 모든 업무를 총괄합니다. 그중에 핵심 업무는 식단 마련입니다. 조리 도구 등 급식과 관련한 여러 물품과 식재료를 관리하고 감독하는 일도 영양

사의 몫입니다. 단체급식에서 위생상의 문제가 발생할 경우, 식중독 등 인명피해로 이어지기 때문에 영양사들은 공급받는 재료가 신선하고 안전한지, 위생적으로 보관되는지 확인합니다.

최근에는 영양에 대한 상담과 교육 업무가 늘고 있습니다. 영양에 관한 정보를 얻고자 하는 이들이 많아지면서 학교나 병원에서 근무하는 영양사의 경우 음식 섭취와 영양, 건강과 관련한 상담이나 교육 업무를 맡고 있습니다. 학교의 영양 교사들은 급식시간에 간단한 식생활 지도를 하고, 재량수업 시간에 영양 교육을 하고 있습니다.

영양사는 주로 병원이나 급식 전문 업체, 학교, 기업 등에서 일할 수 있습니다. 국가 자격인 영양사 자격을 취득해야 취업할 수 있습니다. 국가 자격시험은 식품·영양과 관련한 여러 과목을 이수한 경우에만 응시할 수 있으므로 (전문)대학에서 식품학·영양학 등을 전공하는 것이 유리합니다.

2007년부터는 급식 시설을 갖춘 모든 학교에 영양 교사를 채용하도록 법으로 정했습니다. 영양 교사로 일하려면 영양사 자격 외에 관련학과 교원 자격까지 취득하고 임용 시험에 합격해야 합니다.

6. 푸드스타일리스트

푸드스타일리스트는 음식 자체를 포함, 그릇·소품·테이블 등 음식과 관련한 공간 전체를 그 목적에 맞게 디자인하여 연출하는 사람입니다. 요리의 특징을 고려해 음식을 예쁜 그릇에 보기 좋게 담아내고, 함께 차려낸 음식이 전체적으로 조화를 이루는지 살피는 게 주된 역할입니다. 특히 사교 모임에서는 음식의 맛과 모양, 공간과의 조화 등에 따라 분위기가 좌우되는데, 푸드스타일리스트는 모임 공간 전체를 설계하고 적절한 소품으로 꾸미며 음식이 제 몫을 다할 수 있도록 연출합니다. 일을 할 때 대체로 별도 조리사 없이 푸드스타일리스트가 조리 과정을 직접 맡아 하지만, 규모가 클 경우 조리사를 따로 두기도 합니다.

푸드스타일리스트의 주된 활동 분야 중 하나는 방송입니다. 방송에서 활약하는 푸드스타일리스트들은 영화·드라마·광고에 쓰이는 음식 소품을 기획하고, 등장 화면의 전체 분위기를 연출 및 점검합니다. 특히 짧은 순간 소비자의 마음을 사로잡아야 하는 광고 촬영에서 푸드스타일리스트의 역할은 더욱 두드러집니다. 그 밖에 잡지나 요리책 등에 실릴 요리 장면이나 음식 사진을 촬영할 때도 푸드스타일리스트의 손길이 필요합니다. 대형 외

식업체가 기존 메뉴를 보완하거나 새 메뉴를 선보일 때도 푸드스타일리스트의 도움을 요청합니다.

관련 전공으로는 미술학·식품영양학·외식경영학 등이 꼽힙니다. 최근에 푸드스타일리스트에 대한 관심이 높아지면서 전문대학을 중심으로 푸드스타일리스트를 양성하는 학과가 속속 생겨나고 있습니다. 그러나 관련 학교나 학과를 졸업해야만 푸드스타일리스트가 될 수 있는 건 아닙니다. 사설 교육기관이 개설한 교육과정을 이수할 수도 있습니다.

조리·색채·화훼장식 분야의 국가 기술 자격증을 취득하면 업무에 도움이 됩니다.

7. 푸드 셰르파

'셰르파(sherpa)'는 히말라야 산악 등반을 돕는 현지 안내인을 일컫는 말입니다. 따라서 푸드 셰르파(food sherpa)는 음식을 안내하는 현지인을 뜻합니다. 곧 지역의 특색 있는 음식과 다양한 관광지를 소개하는 음식 여행 기획 전문가입니다. 맛집 탐방을 목적으로 여행하는 사람들이 늘면서 푸르 셰르파란 새로운 직업이 생겨났습니다. 의뢰인의 여행길에 동반하여 여행객의 입맛에 따라 여행 코스를 기획하고, 해당 지역의 전통 음식은 물론 그곳의 역사와 문화까지 경험하도록 돕는 것이 푸드 셰르파의 일입니다.

푸드 셰르파 자격의 취득 기준(한국외식산업연구소)에는 식품·조리 관련 학과 또는 외식·관광 관련 학과를 전공해야 하는 조건이 있습니다. 그러므로 대학의 식품산업학과, 식품영양학과, 식품조리학과, 호텔조리학과, 외식산업학과, 관광경영학과, 문화관광학과 등에 진학하여 공부하면 취업에 도움이 됩니다.

8. 쇼콜라티에

초콜릿을 전문적으로 만드는 사람을 '쇼콜라티에'라고 하는데, 프랑스어 'chocolatier'에서 온 말입니다. 쇼콜라티에는 여러 종류의 초콜릿을 블렌딩하고 부재료를 첨가하여 색다른 맛과 향을 내도록 다양한 초콜릿을 만들어 내는 일을 합니다.

또한 초콜릿에 어울리는 음료와 음식을 구상하여 만들거나 초콜릿 모양을 디자인하는 일, 포장까지도 쇼콜라티에의 몫입니다. 초콜릿에 대한 모든 일을 담당하기 때문에 '초콜릿 장인' 또는 '초콜릿 공예가'라고도 부릅니다.

아직까지는 제과의 한 분야로 취급이 되고 있지만, 아름다운 모양과 다양한 맛의 수제 초콜릿을 원하는 사람들이 많아지면서 이런 고급 초콜릿을 만드는 쇼콜라티에의 취업은 전망이 좋은 편입니다.

국내에는 국가 공인 자격시험이 없고 사설 단체에서 발급하는 자격증만 있습니다. 프랑스나 일본 등에서 전문적인 과정을 거치고 돌아와 쇼콜라티에가 된 경우가 많습니다.

음식과 요리사에 대한 영화

사랑하는 이들을 위한 행복한 요리

[줄리&줄리아]

미국 | 드라마, 코미디 | 12세 이상 관람가 | 2009년
감독 – 노라 에프런 | 출연 – 메릴 스트립, 에이미 아담스, 스탠리 투치

　영화는 1950년대와 2000년대를 쉼 없이 오가며 요리에 푹 빠진 두 여성의 유쾌한 모습을 보여 줍니다. 1950년대의 줄리아 차일드는 외교관 남편과 함께 프랑스에 도착합니다. 낯선 외국 생활에서 음식을 먹을 때 가장 행복하다는 것을 발견한 줄리아는 명문 요리학교인 '르꼬르동 블루'를 다니며 요리에 도전합니다. 마침내 줄리아는 요리로 감동을 전하는 전설의 프렌치 셰프가 됩니다.

　한편 2000년대의 줄리 포웰은 잘나가는 친구들과 잔소리만 늘어놓는 엄마 사이에서 마음을 달래려고 요리 블로그를 시작합니다. 전설의 프렌치 셰프인 줄리아 차일드가 쓴 요리책을 보면서 1년 365일 동안 총 524개의 요리법에 도전합니다. 무모해 보이는 그의 도전에 네티즌들은 열렬한 반응

을 보내면서 줄리는 프랑스 요리계의 떠오르는 스타가 됩니다.

이 영화에서 주목할 부분은 두 주인공이 요리를 통해 사람들과 소통하며 행복을 느낀다는 점입니다.

"당신을 정말 사랑해요. 먼저 맛보게 해 줄게요. 내가 먹기 전에…….
맛있어요?"

— 영화 속 한 마디 「줄리&줄리아」 중에서

딸들의 인생만은 요리할 수 없었던 아버지
[음·식·남·녀]

대만 | 드라마, 가족 | 15세 이상 관람가 | 1994년
감독 – 리안 | 출연 – 랑웅, 양귀매, 오천련, 왕유문

유명 호텔 조리사이자 아버지인 '주사부', 기독교 신자 첫째 딸 '가진', 커리어우먼 둘째 딸 '가천', 패스트푸드점 아르바이트생 막내 '가령'.

[음·식·남·녀]는 아버지와 세 딸의 맛깔 나는 이야기를 다룬 요리 영화의 명작입니다.

아내를 잃고 세 딸과 함께 사는 아버지는 나이가 들면서 미각을 잃어가고, 친구의 도움이 없으면 요리를 할 수 없게 됩니다. 세 딸은 각자의 취향과 입맛대로 살아가고, 아버지는 그런 딸들 사이에서 외로움을 느낍니다. 이제는 아버지 마음대로 딸들을 요리할 수 없게 된 셈입니다. 하지만 그들은 음식을 통해 다시 가족의 끈끈한 정을 느끼게 됩니다.

오감을 자극하는 중국과 대만의 요리를 볼 수 있다는 점이 영화의 큰

매력입니다.

> "난 딸들을 이해할 수가 없어. 그리고 알고 싶지도 않아. 다 키웠으니
> 보내야지. 마치 요리 같은 거야. 다 만들고 나면 입맛은 사라지지."
>
> – 영화 속 한 마디 「음·식·남·녀」 중에서

음식과 이야기가 만나 서로에게 위로를 전하다
[카모메 식당]

일본 | 코미디, 드라마 | 전체 관람가 | 2006년
감독 – 오기가미 나오코 | 출연 – 코바야시 사토미, 카타기리 하이리, 모타이 마사코, 마르쿠 펠톨라

　핀란드 헬싱키의 길모퉁이에 자리 잡은 카모메 식당. 그곳은 일본인 여성 사치에가 경영하는 조그마한 일식당입니다. 주먹밥을 메뉴로 내놓고 손님을 기다리지만 한 달째 파리 한 마리도 날아들지 않습니다. 그래도 사치에는 아침마다 주먹밥을 준비합니다.

　첫 손님으로 일본 만화 매니아인 토미가 찾아옵니다. 사치에에게 대뜸 '독수리 오형제'의 주제가 무엇인지 묻습니다. 이 엉뚱한 손님을 시작으로 하나 둘 늘어가는 손님들로 카모메 식당에는 활기가 넘칩니다. 사치에의 맛깔스러운 음식과 함께 사연 있는 사람들의 이야기가 서서히 밝혀집니다. 커피, 시나몬 롤, 오니기리, 연어구이 그리고 이야기. 음식과 이야기가 만나는 이 영화에서 등장인물들은 서로에게 위로를 전합니다.

"세상 어디에 있어도 슬픈 사람은 슬프고 외로운 사람은 외로워요."

– 영화 속 한 마디 「카모메 식당」 중에서

쉿! 비밀인데, 저 요리해요!

[라따뚜이]

미국 | 가족, 애니메이션 | 전체 관람가 | 2007년
감독 – 브래드 버드

절대 미각, 빠른 손놀림, 넘치는 열정의 소유자 '레미'. 프랑스 최고의 요리사를 꿈꾸는 그에게 단 한 가지 약점이 있었으니, 사실 그가 주방 퇴치 대상 1호인 생쥐라는 것입니다.

어느 날, 하수구에서 길을 잃은 레미는 운명처럼 파리의 별 다섯 개짜리 최고급 레스토랑에 떨어집니다. 그러나 생쥐의 신분으로 주방이란 그저 그림의 떡. 보글거리는 수프, 뚝딱뚝딱 도마 소리, 향긋한 허브 내음에 레미는 식욕이 아닌 '요리욕'이 북받칩니다.

쥐면 쥐답게 쓰레기나 먹고 살라는 가족의 핀잔에도 굴하지 않고 레미는 끝내 주방에 들어갑니다. 깜깜한 어둠 속에서 요리에 열중하던 레미는 재능 없는 견습생 '링귀니'에게 '딱' 걸리고 맙니다. 해고 위기에 처한 링귀니는 레미의 재능을 한눈에 알아보고 함께 요리를 하자고 제안합니다.

영화의 백미는 레미가 링귀니의 머리채를 잡고 리모콘처럼 조종하는 장면입니다. 마지막에 음식평론가 '위고'의 변신을 흐뭇하게 바라보는 재미도 쏠쏠합니다.

가족애와 우정, 꿈과 노력이라는 보편적 주제가 조화롭게 버무려진 요리 애니메이션입니다.

"인생에서 예상할 수 있는 단 한 가지는 앞날을 예상할 수 없다는 거죠."

– 영화 속 한 마디 「라따뚜이」 중에서

최고의 맛을 잇기 위한 운명의 대결
[식객]

한국 | 드라마 | 12세 이상 관람가 | 2007년
감독 – 전윤수 | 출연 – 김강우, 임원희, 이하나, 정은표

대한민국 최고의 음식맛을 자랑하는 운암정. 그곳의 후계자 자리를 놓고 두 제자가 대결을 펼칩니다. 음식에 마음을 담는 천재 조리사 '성찬'과 승리를 위해 물불을 가리지 않는 야심가 '봉주'. 결국 운암정의 후계자는 봉주의 몫으로 돌아가고 5년의 시간이 흐릅니다.

5년 전 실수로 요리에서 손을 뗀 천재 조리사 성찬은 요리 대회를 취재하는 열혈 VJ 진수의 끊임없는 권유와 숙명적 라이벌인 봉주의 등장으로 요리 대회 참가를 결심합니다. 현존하는 최고의 조리사 자리를 놓고 다시 봉주와 성찬이 대결을 벌입니다.

영화 속에서는 다양한 한식 요리가 등장합니다. 흔히 접할 수 있는 된장찌개와 계란말이에서부터 최고의 궁중요리인 황복회와 궁중 꿩 완자전골까지. 최고의 조리사를 가리기 위해 진행되는 요리 대회 장면에서 화려하

고 아름다운 요리들이 보는 이의 눈길을 사로잡습니다.

"맛은 혀끝으로 느끼는 것이 아니라 가슴으로 느끼는 것이다."

- 영화 속 한 마디 「식객」 중에서

왈가닥 시골 아가씨의 좌충우돌 파티셰 성장기
[양과자점 코안도르]

일본 | 드라마 | 전체 관람가 | 2011년
감독 - 후카가와 요시히로 | 출연 - 아오이 유우, 에구치 요스케, 에구치 노리코, 아와타 우라라

과거에 전설적인 파티셰였지만 사고를 당해 더 이상 케이크를 만들 수 없게 된 토무라는 평론가와 제과전문학교 강사로 일합니다.

토무라는 친구 요리코가 운영하는 도쿄의 인기 양과자점 '파티셰리 코안도르(Patisserie Coin De Rue)'에 들렀다가 파티셰를 꿈꾸는 나츠메와 마주칩니다. 코안도르에서 일하고 있다는 남자 친구를 찾아온 나츠메는 그가 오래전에 그만뒀다는 이야기에 충격을 받습니다. 나츠메는 남자 친구를 찾기 전까지는 고향으로 돌아가지 않기로 결심하고 코안도르의 견습생으로 일하기 시작합니다.

그러던 어느 날, 코안도르의 성장에 큰 기회가 될 계약을 성사하고 돌아오던 요리코가 사고로 입원하게 되어 코안도르는 최대의 위기를 맞게 됩니다.

케이크의 달달함을 담은 따뜻한 영상이 보는 내내 즐거움을 선사합니다.

예비 파티셰들에게 권하고 싶은 영화입니다.

"이 가게는 고급 케이크를 저렴한 값에 대접하는 가게야."

– 영화 속 한 마디 「양과자점 코안도르」 중에서

화려한 프랑스식 정찬 요리 VS 따뜻한 가정식 요리

[엘리제궁의 요리사]

프랑스 | 코미디 | 12세 이상 관람가 | 2012년
감독 – 크리스티앙 뱅상 | 출연 – 카트린 프로, 장 도르메송, 아르튀르 뒤퐁, 이뽈리뜨 지라르도

화려한 프랑스식 정찬이 펼쳐지는 파리 엘리제궁에서 따뜻한 가정식 요리로 대통령의 입맛을 사로잡은 유일한 여성 셰프의 실화를 담은 요리 영화입니다.

프랑스의 작은 시골에서 송로버섯 농장을 운영하던 '라보리'는 우연한 기회에 엘리제궁에 입성하게 됩니다. 그리고 화려한 프랑스식 정찬 요리 위주인 엘리제궁에서 대통령이 진짜 원하는 음식은 따뜻한 가정식 요리라는 것을 알게 됩니다.

라보리가 소박한 가정식 요리로 대통령의 입맛을 사로잡을수록 수십 년간 엘리제궁의 음식을 전담해 왔던 주방장의 원성은 높아만 갑니다. 주변의 불편한 시선으로 인해 라보리는 대통령 개인 셰프 자리에 회의를 느끼고 남극으로 떠납니다.

라보리가 선보이는 프랑스 가정식 요리가 스크린에 펼쳐집니다. '연어로

속을 채운 양배추', '아름다운 오로르의 베개', '허브 뿌린 양갈비 구이', '과일과 피스타치오 누가틴을 얹은 크림 타르트', '송로버섯과 브레드' 등 이름만 들어도 먹고 싶고, 보고 나면 만들고 싶은 요리가 입맛을 자극합니다.

"전 할 줄 아는 게 없어요. 어머니와 할머니한테 배운 소박한 가정식뿐인 걸요."

– 영화 속 한 마디 「엘리제궁의 요리사」 중에서

리얼Real
셰프

초판 1쇄 발행 2016년 11월 24일
초판 3쇄 발행 2020년 5월 15일

지은이 | 〈MODU〉매거진, 이정호
사진 | 〈씨네21〉백성헌, 오세득
펴낸곳 | (주)가나문화콘텐츠
펴낸이 | 김남전
편집장 | 유다형
편집 | 이보라
교정교열 | 주인공
디자인 | 정란
마케팅 | 정상원 한웅 정용민 김건우
경영관리 | 임종열 김하은

출판 등록 | 2002년 2월 15일 제10-2308호
주소 | 경기도 고양시 덕양구 호원길 3-2
전화 | 02-717-5494(편집부) 02-332-7755(관리부)
팩스 | 02-324-9944
홈페이지 | ganapub.com
이메일 | ganapub@naver.com

ISBN 978-89-5736-872-5 (04300)
      978-89-5736-868-8 (세트)